W0385176

Carrément cuisine

100 RECETTES
de crêpes & gaufres

hachette
CUISINE

Carrément cuisine

Ce livre, c'est 100 recettes goûtées et approuvées, variées et simples à préparer avec des ingrédients faciles à trouver… la base du bon livre de cuisine !

Mais nous avons voulu vous apporter plus encore avec des astuces et des idées qui font débuter le plaisir de cuisiner dès l'ouverture du livre.

1. Fini les listes de courses griffonnées sur de petits papiers que l'on ne retrouve jamais ou qui traînent au fond du cabas. **Choisissez les recettes qui vous font envie, sortez votre smartphone et tagguez le QR code qui figure en bas de la liste des ingrédients.** Vous y aurez accès quand bon vous semblera ! *(Nous vous conseillons d'utiliser les applications i-nigma, Qrafter ou qr scanner disponibles gratuitement sur iPhone et Androïd).*

2. Fini le manque d'inspiration au moment de garnir vos crêpes et gaufres. Les chapitres du livre ont été pensés en fonction de l'originalité de la recette. Que vous souhaitiez apprendre une recette de base, découvrir des saveurs d'ailleurs, ou apporter un peu de fantaisie à vos crêpes et gaufres, **choisissez votre recette en un clin d'œil !**

« 100 recettes de crêpes et gaufres », ce sont :

• Des **recettes de base et des variantes de pâte à crêpes et de pâte à gaufres**

> Rendez-vous page 12

• Des **grands classiques** des recettes de crêpes et gaufres

> Rendez-vous page 42

• Des **crêpes et gaufres spécialités d'une région ou d'un pays**
> *Rendez-vous page 68*
• Des **crêpes et gaufres créatives aux saveurs originales**
> *Rendez-vous page 126*
• Des **crêpes revisitées pour en faire des plats ou des desserts complets**
> *Rendez-vous page 206*

3. Et parce qu'on n'a jamais trop d'idées, vous trouverez au début de ce livre **des sommaires illustrés** établis en fonction de **l'occasion à laquelle vous sortirez votre crêpière ou votre gaufrier**.

• **Pour un goûter gourmand :** Cigares au Nutella®, Gaufres au chocolat, Gaufres liégeoises, Crêpes crousti-choco, Crêpes glacées, etc.
> *Rendez-vous page 6*
• **Pour un repas entre amis :** Galettes jambon, œuf et comté, Crêpes aux crevettes et graines germées, Gaufres au chèvre et aux tomates cerise, Gaufres au pesto, tomates séchées, parmesan, et roquette etc.
> *Rendez-vous page 8*
• **Pour un dessert de fête :** Crêpes Suzette, Crêpes soufflées au citron, Gaufres à l'ananas flambé et sorbet coco, Gaufres à la vanille, gingembre, cannelle et meringue italienne, Gâteau de crêpes au Nutella®, etc.
> *Rendez-vous page 10*

SOMMAIRE

1. RECETTES DE BASE

2. CLASSIQUES

3. SPÉCIALITÉS D'ICI ET D'AILLEURS

4. CRÉATIVES

5. CRÊPES REVISITÉES

1
2
3
6
7
8
11
12
13

Quelques suggestions de recettes

POUR UN GOÛTER GOURMAND

1

2

3

6

7

8

11

12

13

Quelques suggestions de recettes

POUR UN REPAS ENTRE AMIS

Et aussi...

1
2
3
6
7
8
11
12
13

4

5

9

10

14

15

Quelques suggestions de recettes

POUR UN DESSERT DE FÊTE

1 • Crêpes Suzette p. 44
2 • Crêpes façon Belle-Hélène p. 52
3 • Crêpes à la banane flambée p. 54
4 • Crêpes aux mille trous marocaines p. 84
5 • Gaufres à l'ananas flambé et sorbet coco p. 90
6 • Crêpes soufflées au citron p. 130
7 • Gaufres à la farine de maïs, fruits secs et compote de griottes p. 154
8 • Gaufres aux pistaches et fruits confits, crème anglaise p. 160
9 • Gaufres aux poires pochées, sauce chocolat au thé et amandes p. 162
10 • Gaufres à la vanille, gingembre, cannelle et meringue italienne p. 170
11 • Gaufres au café, amaretto et crème Chantilly au mascarpone p. 178
12 • Paniers de crêpes soufflées p. 208
13 • Gâteau de crêpes et coulis de fraises p. 210
14 • Gâteau de crêpes au Nutella® p. 212
15 • Millefeuille de crêpes à l'amande p. 214

Et aussi…

Crêpes croquantes à l'espagnole p. 78, Crêpes des îles p. 86, Crêpes de mangue poêlée au fruit de la Passion p. 88, Crêpes à la farine de châtaigne et fraises poêlées au sirop d'érable p. 134, Crêpes farcies à la crème de semoule p. 142, Crêpes au beurre de nougat p. 146, Gaufres à la farine de sarrasin, aux pommes à la cannelle et à l'anis p. 156

1. RECETTES DE BASE

CRÊPES SUCRÉES

Pour 6 crêpes environ / 10 min de préparation / 1 h de repos / 4 min de cuisson par crêpe

Ingrédients
3 œufs
250 g de farine
50 cl de lait
2 cuil. à soupe de sucre en poudre
2 cuil. à soupe de beurre fondu

1. Dans un saladier, fouettez les œufs, ajoutez la farine, mélangez et délayez doucement avec le lait. Ajoutez ensuite le sucre et le beurre fondu. Fouettez et laissez reposer 1 h au frais.

2. Faites chauffer une crêpière ou une poêle à crêpes et faites cuire vos crêpes 2 min sur chaque face.

CRÊPES SUCRÉES SANS LACTOSE

Pour 12 crêpes environ / 15 min de préparation / 45 min de cuisson

Ingrédients

3 œufs
2 cuil. à soupe de son de blé
3 cuil. à soupe de sucre en poudre
150 g de farine de blé
20 cl de lait de coco
30 cl d'eau

1. Dans un saladier, fouettez les œufs, puis ajoutez le son de blé, le sucre ainsi que la farine. Délayez la préparation avec le lait de coco, mélangez bien et ajoutez petit à petit l'eau.

2. Faites chauffer une poêle à crêpes ou une crêpière et faites cuire les crêpes 2 min sur chaque face. Dégustez ces crêpes nature ou avec une garniture.

CONSEIL

Le léger goût de noix de coco de cette pâte à crêpes s'accorde très bien avec une sauce au chocolat.

CRÊPES SUCRÉES SANS ŒUF

Pour 10 crêpes environ / 10 min de préparation / 20 min de repos / 40 min de cuisson

Ingrédients
1 gousse de vanille
40 cl de lait
160 g de farine de blé
1 sachet de sucre vanillé
1 cuil. à soupe d'huile d'olive
2 cuil. à soupe de sirop d'agave
15 cl d'eau

1. Coupez la gousse de vanille en deux dans la longueur. Avec la pointe d'un couteau, grattez la gousse pour récupérer les graines. Dans une casserole, faites bouillir le lait avec la gousse de vanille et les graines. Laissez refroidir le lait.

2. Dans un saladier, mélangez la farine et le sucre vanillé, puis versez délicatement le lait. Ajoutez enfin l'huile, le sirop d'agave et l'eau. Mélangez bien et laissez reposer 20 min.

3. Faites cuire vos crêpes dans une poêle à crêpes ou une crêpière bien chaude.

CRÊPES SUCRÉES SANS GLUTEN

Pour 12 crêpes environ / 15 min de préparation / 1 h de repos / 15 à 20 s de cuisson sur chaque face

Ingrédients

200 g de farine de riz
20 g de farine de teff
30 g de farine de quinoa
1 pincée de sel
40 g de sucre de canne
3 œufs
60 cl de lait demi-écrémé
60 g de beurre demi-sel
4 cuil. à soupe d'huile

1. Mélangez les différentes farines, disposez-les dans un saladier, creusez un puits, ajoutez le sel et le sucre. Mélangez progressivement et ajoutez les œufs en continuant de mélanger. Versez petit à petit le lait, toujours en mélangeant. La pâte doit être lisse et homogène. Ajoutez 50 g de beurre fondu ; mélangez bien. Si la pâte comporte des grumeaux, passez-la au travers d'une passoire fine.

2. Laissez reposer 1 h environ à température ambiante.

3. Dans un ramequin, versez l'huile et le reste de beurre préalablement fondu. Faites chauffer une crêpière (ou une poêle) légèrement enduite du mélange beurre-huile. Lorsque la crêpière est chaude, déposez la quantité de pâte appropriée et répartissez-la uniformément sur toute la surface.

4. Cuisez la pâte à feu moyen 15 à 20 s de chaque côté. Renouvelez jusqu'à épuisement de la pâte.

SUGGESTIONS

Servez ces crêpes accompagnées de fruits frais, de sucre, de beurre et autres gourmandises (caramel au beurre salé, pâte à tartiner maison, confiture etc.).

CRÊPES À LA BIÈRE

Pour 8 crêpes environ / 10 min de préparation / 1 h de repos / 30 min de cuisson

Ingrédients
3 œufs
200 g de farine
40 cl de bière sans alcool

1. Dans un saladier, fouettez les œufs. Ajoutez la farine et mélangez. Délayez petit à petit avec la bière tout en continuant de fouetter. Laissez reposer la pâte 1 h sous un torchon.

2. Faites chauffer une poêle à crêpes ou une crêpière. Faites cuire les crêpes 2 min sur chaque face.

3. Vous pouvez servir ces crêpes avec du beurre et de la vergeoise brune ou blonde.

CRÊPES SALÉES

Pour 8 crêpes environ / 10 min de préparation / 1 h de repos / 25 min de cuisson

Ingrédients
2 œufs
170 g de farine de blé
40 cl de lait
Sel et poivre

1. Dans un saladier, battez les œufs. Ajoutez la farine et remuez bien. Délayez avec le lait. Salez et poivrez. Laissez la pâte reposer 1 h.

2. Faites cuire vos crêpes, avec un peu de matière grasse, sur une crêpière chaude ou dans une poêle à crêpes.

GALETTES DE BLÉ NOIR

Pour 15 galettes environ / 25 min de préparation / 2 h de repos / 1 h de cuisson

Ingrédients

500 g de farine de sarrasin (ou blé noir)
1 pincée de sel
1 œuf
30 cl d'eau (environ 2 verres)

1. Dans un saladier, mélangez la farine et le sel. Battez l'œuf et mélangez-le à l'eau. Versez alors sur la farine sans cesser de mélanger.

2. Passez au travers d'un tamis et laissez reposer au moins 2 h. La pâte doit être un peu plus liquide qu'une pâte à crêpes afin de bien s'étaler.

3. Faites chauffer une poêle ou une crêpière graissée à feu moyen, puis versez une petite louche de pâte. Répartissez-la sur toute la surface. Retournez la galette après 1 ou 2 min de cuisson et laissez cuire encore 1 ou 2 min.

GAUFRES SUCRÉES

Pour 10 gaufres environ / 15 min de préparation / 1 h de repos / 15 min de cuisson environ

Ingrédients
3 œufs
1 cuil. à soupe d'eau de fleur d'oranger
40 cl de lait frais entier
75 g de beurre fondu
30 g de sucre
1 pincée de sel
250 g de farine
Huile pour la cuisson

Matériel
Gaufrier

1. Séparez les blancs des jaunes d'œufs. Battez les jaunes avec l'eau de fleur d'oranger. Ajoutez le lait, le beurre et mélangez de nouveau. Dans un saladier, mélangez le sucre, le sel et la farine. Versez le lait sans cesser de remuer. Si des grumeaux se forment, passez la pâte au travers d'un tamis.

2. Mettez la pâte à reposer au réfrigérateur pendant 1 h. Montez les blancs d'œufs en neige. Ajoutez-les à la pâte pour obtenir un mélange homogène.

3. Graissez le gaufrier avec de l'huile pour chaque gaufre et faites chauffer. Versez une petite louche de pâte, refermez le gaufrier et laissez cuire jusqu'à ce que les gaufres soient dorées.

GAUFRES SALÉES

Pour 10 gaufres environ / 15 min de préparation / 1 h de repos / 15 min de cuisson environ

Ingrédients
12 g de levure de boulanger
10 g de sucre
25 cl de lait frais demi-écrémé tiède
3 œufs
250 g de farine
1 pincée de sel
100 g de beurre fondu
Huile pour la cuisson

Matériel
Gaufrier

1. Mélangez la levure avec le sucre et le lait. Battez les œufs en omelette. Dans un saladier, versez la farine, le sel puis, sans cesser de fouetter, le lait et les œufs. Terminez en ajoutant le beurre fondu. Liez et laissez reposer pendant 1 h (la pâte doit doubler de volume).

2. Fouettez de nouveau la pâte. Graissez le gaufrier avec de l'huile pour chaque gaufre et faites chauffer. Versez une petite louche de pâte, refermez le gaufrier et laissez cuire jusqu'à ce que les gaufres soient dorées.

GAUFRES SANS GLUTEN

Pour 10 gaufres environ / 20 min de préparation / 2 h de repos / 6 min de cuisson

Ingrédients

60 g de beurre demi-sel
3 œufs
200 g de farine de riz
50 g de fécule de maïs
½ cuil. à café de bicarbonate alimentaire
30 g de sucre de canne blond
1 pincée de sel
40 cl de lait entier
Huile pour la cuisson

Matériel

Gaufrier
Pinceau de cuisine

1. Placez le beurre demi-sel dans une casserole et faites-le fondre. Cassez les œufs puis séparez les blancs des jaunes. Réservez les blancs au frais.

2. Dans un saladier, déposez la farine, la fécule, le bicarbonate, le sucre blond et le sel. Mélangez et formez un puits. Ajoutez les jaunes d'œufs et versez le lait progressivement. Ajoutez ensuite le beurre fondu. Travaillez jusqu'à l'obtention d'une pâte homogène.

3. Laissez reposer 2 h au frais.

4. Battez les blancs en neige et mélangez-les délicatement à la pâte.

5. Mettez le gaufrier à chauffer. À l'aide d'un pinceau, huilez les plaques. Placez-y 1 cuil. à soupe de pâte et refermez-le. Laissez cuire pendant environ 3 min jusqu'à ce que les gaufres soient bien dorées, croustillantes en surface et moelleuses à l'intérieur.

GAUFRES AUX NOISETTES

Pour 10 gaufres environ / 15 min de préparation / 1 h de repos / 15 min de cuisson environ

Ingrédients

12 g de levure de boulanger
40 g de cassonade
25 cl de lait frais entier tiède
2 œufs
200 g de farine de froment
50 g de poudre de noisettes
1 pincée de sel
1 pincée de vanille en poudre
50 g de beurre fondu
Huile pour la cuisson

Matériel

Gaufrier
Pinceau de cuisine

1. Mélangez la levure avec la cassonade et le lait. Battez les œufs en omelette. Dans un saladier, versez la farine, la poudre de noisettes, le sel, la vanille puis, sans cesser de fouetter, le lait et les œufs. Terminez en ajoutant le beurre fondu. Liez et laissez reposer pendant 1 h (la pâte doit doubler de volume).

2. Fouettez de nouveau la pâte. Mettez le gaufrier à chauffer. À l'aide d'un pinceau, huilez les plaques. Placez-y 1 cuil. à soupe de pâte et refermez-le. Laissez cuire pendant environ 3 min jusqu'à ce que les gaufres soient bien dorées.

CONSEILS

Vous pouvez réaliser cette recette avec de la poudre d'amandes. Servez ces gaufres avec une bonne chantilly maison, c'est un régal.

GAUFRES À LA CHÂTAIGNE

Pour 10 gaufres environ / 15 min de préparation / 1 h 10 de repos / 15 min de cuisson environ

Ingrédients

12 g de levure de boulanger
25 g de sucre
25 cl de lait frais entier tiède
3 œufs
125 g de farine de froment
125 g de farine de châtaigne
1 pincée de sel
1 pincée de vanille en poudre
100 g de beurre fondu
Huile pour la cuisson

Matériel

Gaufrier
Pinceau de cuisine

1. Mélangez la levure avec le sucre et le lait. Battez les œufs en omelette. Dans un saladier, versez les farines, le sel, la vanille puis, sans cesser de fouetter, le lait et les œufs. Ajoutez le beurre fondu. Liez et laissez reposer pendant 1 h (la pâte doit doubler de volume).

2. Fouettez de nouveau la pâte. Mettez le gaufrier à chauffer. À l'aide d'un pinceau, huilez les plaques. Placez-y 1 cuil. à soupe de pâte et refermez-le. Laissez cuire pendant environ 3 min jusqu'à ce que les gaufres soient bien dorées.

CONSEIL

Cette recette de gaufre est excellente, servie avec de la crème de marron.

CREME

GAUFRES AU BLÉ NOIR

Pour 10 gaufres environ / 15 min de préparation / 1 h 10 de repos / 15 min de cuisson environ

Ingrédients

2 œufs
50 g de beurre demi-sel
15 g de levure de boulanger
15 g de sucre
25 cl de lait ribot ou lait écrémé à température ambiante
150 g de farine de sarrasin (ou blé noir)
100 g de farine de seigle
1 pincée de sel
Huile pour la cuisson

Matériel

Gaufrier
Pinceau de cuisine

1. Battez les œufs en omelette. Faites fondre le beurre. Dans un saladier, délayez la levure avec le sucre et le lait ribot. Laissez reposer 10 min avant d'ajouter les farines, le sel, le beurre fondu et les œufs. Mélangez vigoureusement. Si des grumeaux se forment, passez la pâte au travers d'un tamis. Laissez reposer 1 h.

2. Fouettez de nouveau la pâte. Mettez le gaufrier à chauffer. À l'aide d'un pinceau, huilez les plaques. Placez-y 1 cuil. à soupe de pâte et refermez-le. Laissez cuire pendant environ 3 min jusqu'à ce que les gaufres soient bien dorées.

GAUFRES AUX POMMES DE TERRE

Pour 8 gaufres environ / 25 min de préparation / 33 min de cuisson

Ingrédients
1 kg de pommes de terre
100 g de beurre
250 g de farine
1 sachet de levure
1 pincée de poivre
1 cuil. à café de sel
2 œufs
40 cl de lait

Matériel
Batteur électrique
Gaufrier
Pinceau de cuisine

1. Préparez les pommes de terre : mettez à chauffer une grande casserole d'eau. Épluchez les pommes de terre et coupez-les en morceaux. Lorsque l'eau bout, mettez-les à cuire pendant 20 min. Égouttez les pommes de terre, puis écrasez-les dans un récipient.

2. Faites fondre le beurre au bain-marie ou au four à micro-ondes. Dans un récipient, mélangez la farine, le sachet de levure, le poivre et le sel. Incorporez les œufs, le beurre fondu et le lait au batteur électrique jusqu'à l'obtention d'une pâte bien lisse. Ajoutez l'écrasé de pommes de terre.

3. Mettez le gaufrier à chauffer. À l'aide d'un pinceau, huilez les plaques. Placez-y 1 cuil. à soupe de pâte et refermez-le. Laissez cuire pendant environ 3 min jusqu'à ce que les gaufres soient bien dorées.

CONSEIL

Vous pouvez accompagner ces gaufres d'une salade verte et d'une vinaigrette au vinaigre de noix.

2. CLASSIQUES

CRÊPES SUZETTE

Pour 4 crêpes / 10 min de préparation / 1 h de repos / 25 min de cuisson

Ingrédients

Pour les crêpes

125 g de farine
2 œufs
1 cuil. à café de sucre
1 pincée de sel
25 cl de lait
25 g de beurre fondu

Pour le sirop

1 orange non traitée (jus + zeste)
125 g de beurre
75 g de sucre en poudre
4 cuil. à soupe de Grand Marnier pour faire flamber les crêpes

1. Préparez la pâte à crêpes : tamisez la farine dans un saladier. Cassez les œufs au centre puis ajoutez le sucre et le sel. Versez le lait petit à petit tout en remuant. Ajoutez le beurre fondu. Fouettez jusqu'à ce que la pâte soit bien lisse et sans grumeaux. Couvrez le saladier d'un torchon et laissez reposer pendant 1 h à température ambiante.

2. Beurrez légèrement une poêle et, lorsqu'elle est bien chaude, versez-y une louche de pâte. Faites cuire la crêpe pendant 2 min environ en la retournant. Réalisez environ 12 crêpes.

3. Au moment de servir, râpez le zeste de l'orange dans une petite casserole. Ajoutez le beurre. Lorsqu'il commence à colorer (beurre noisette), versez le sucre en pluie. Ajoutez le jus de l'orange. Remuez.

4. Portez le Grand Marnier à ébullition et versez-le sur les crêpes. Faites flamber. Laissez la flamme s'éteindre. Déposez les crêpes sur 4 assiettes et arrosez-les de sirop. Servez immédiatement.

CRÊPES TOUT CHOCOLAT

Pour 12 crêpes / 15 min de préparation / 1 h de repos / 45 min de cuisson

Ingrédients

200 g de farine type T45 (dite de froment)
40 g de cacao amer
1 pincée de sel
50 g de sucre
50 cl de lait frais entier
5 œufs
100 g de beurre fondu
150 g de chocolat noir ou au lait pâtissier

1. Mélangez la farine, le cacao, le sel et le sucre. Fouettez le lait et les œufs, puis versez sur la farine sans cesser de mélanger. Passez la pâte au travers d'un tamis et ajoutez-y le beurre fondu. Laissez reposer 1 h au frais.

2. Faites chauffer une poêle ou une crêpière graissée à feu moyen, puis versez une petite louche de pâte. Répartissez-la sur toute la surface. Retournez la crêpe après 1 ou 2 min de cuisson et laissez cuire encore 1 ou 2 min.

3. Cassez le chocolat en morceaux et faites-le fondre au bain-marie. Mélangez-le avec une cuillère en bois (il doit être lisse et bien brillant), puis servez-le avec les crêpes.

CIGARES AU NUTELLA®

Pour 8 cigares / 20 min de préparation / 30 min de repos / 15 min de cuisson

Ingrédients

Pour la pâte à crêpes

125 g de farine
1 pincée de sel
2 œufs
25 cl de lait
20 g de beurre fondu
20 g de beurre pour la cuisson

Pour la garniture

1 petit pot de Nutella®
16 crêpes dentelle du commerce

1. Préparez la pâte à crêpes. Versez la farine et le sel dans un saladier et creusez un puits. Dans un autre bol, fouettez les œufs, le lait et le beurre fondu, puis versez dans le puits de farine. Fouettez à nouveau pour obtenir une pâte fluide. Laissez reposer 30 min. Une fois les 30 minutes écoulées, faites cuire huit crêpes.

2. Placez le pot de Nutella® 5 min au bain-marie ou 2 min dans votre micro-ondes pour qu'il soit plus facile à étaler.

3. Étalez les crêpes et tartinez-les de Nutella®. Placez 2 crêpes dentelle à 2 cm du bord, puis enroulez les crêpes autour comme des cigares.

4. Coupez les deux extrémités et déposez les cigares dans un plat. Dégustez sans trop tarder afin que les crêpes dentelle du centre restent bien croustillantes.

CONSEIL

Vous pouvez accompagner ces crêpes d'une boule de glace à la vanille saupoudrée d'un peu de praliné.

VARIANTE

Remplacez les crêpes dentelle par des cigarettes russes, elles sont tout aussi croustillantes.

CRÊPES À LA CRÈME DE MARRON

Pour 6 crêpes / 15 min de préparation / 1 h de repos / 4 min de cuisson par crêpe

Ingrédients

Pour les crêpes

3 œufs
250 g de farine
50 cl de lait
2 cuil. à soupe de sucre en poudre
2 cuil. à soupe de beurre fondu

Pour la garniture

1 pot de crème de marron
Crème Chantilly

1. Dans un saladier, fouettez les œufs, ajoutez la farine, mélangez et délayez doucement avec le lait. Ajoutez ensuite le sucre et le beurre fondu. Fouettez et laissez reposer 1 h au frais.

2. Faites chauffer une crêpière ou une poêle à crêpes et faites cuire vos crêpes 2 min sur chaque face.

3. Étalez 2 cuil. à soupe de crème de marron sur chaque crêpe. Vous pouvez les plier en quatre. Servez-les, selon votre goût, décorées de crème Chantilly.

CRÊPES FAÇON BELLE-HÉLÈNE

Pour 6 crêpes / 25 min de préparation / 1 h de repos / 10 min de cuisson par crêpe

Ingrédients

Pour les crêpes

3 œufs
250 g de farine
50 cl de lait
2 cuil. à soupe de sucre en poudre
2 cuil. à soupe de beurre fondu

Pour la garniture

3 poires
2 cuil. à café de sucre en poudre
6 pincées de cannelle
150 g de chocolat noir
3 cuil. à soupe de crème liquide
6 boules de glace vanille

Pour la chantilly

30 cl de crème liquide
6 pincées de sucre en poudre

Matériel

Batteur électrique

1. Dans un saladier, fouettez les œufs, ajoutez la farine, mélangez et délayez doucement avec le lait. Ajoutez ensuite le sucre et le beurre fondu. Fouettez et laissez reposer 1 h au frais.

2. Faites chauffer une crêpière ou une poêle à crêpes et faites cuire vos crêpes 2 min sur chaque face.

3. Placez au congélateur les 10 cl de crème liquide, un saladier et le fouet du batteur pendant 10 à 15 min. La crème Chantilly montera bien mieux ainsi.

4. Épluchez et émincez les poires. Faites-les revenir dans une poêle avec le sucre et la cannelle pendant 5 min à feu moyen. Réservez. Faites fondre le chocolat avec la crème au bain-marie et réservez.

5. Préparez la crème Chantilly : fouettez la crème liquide et ajoutez le sucre.

6. Sur chaque assiette, disposez une crêpe et déposez au centre quelques lamelles de poire. Refermez la crêpe et nappez de chocolat. Déposez une boule de glace sur la crêpe et terminez par la chantilly. Servez aussitôt.

CRÊPES À LA BANANE FLAMBÉE

Pour 6 crêpes / 15 min de préparation / 1 h de repos / 40 min de cuisson

Ingrédients

Pour les crêpes

3 œufs
250 g de farine
50 cl de lait
2 cuil. à soupe de sucre en poudre
2 cuil. à soupe de beurre fondu

Pour la garniture

6 bananes
25 g de beurre
2 cuil. à soupe de jus de citron
4 cuil. à soupe de sucre
8 cuil. à soupe de rhum

1. Dans un saladier, fouettez les œufs, ajoutez la farine, mélangez et délayez doucement avec le lait. Ajoutez ensuite le sucre et le beurre fondu. Fouettez et laissez reposer 1 h au frais.

2. Faites chauffer une crêpière ou une poêle à crêpes et faites cuire vos crêpes 2 min sur chaque face. Réservez.

3. Épluchez les bananes. Coupez-les en deux dans le sens de la longueur, puis en deux dans le sens de la largeur.

4. Réservez 1 noisette de beurre pour faire réchauffer les crêpes par la suite, si nécessaire. Faites fondre le reste dans une poêle et faites-y cuire les morceaux de banane 5 min, à feu moyen, en ayant soin de les retourner. Ajoutez-y le jus de citron, le sucre et 2 cuil. à soupe de rhum. Mélangez et laissez cuire encore 1 min. Réservez au chaud.

5. Réchauffez les crêpes 30 s de chaque côté, beurrez-les et faites-les glisser sur des assiettes chaudes. Garnissez-les de morceaux de banane. Faites chauffer le reste du rhum, arrosez-en chaque crêpe de 1 cuil. à soupe et flambez.

GAUFRES AU CHOCOLAT

Pour 10 gaufres / 15 min de préparation / 15 min de cuisson

Ingrédients

Pour les gaufres

300 g de farine
3 gros œufs
2 cuil. à soupe de sucre en poudre
1 sachet de levure chimique
4 cl de lait
1 pincée de sel
80 g de beurre fondu

Pour la garniture

150 g de chocolat au lait pâtissier

Matériel

Gaufrier
Pinceau de cuisine

1. Dans un saladier, fouettez la farine et les œufs. Ajoutez ensuite le sucre, la levure, le lait et le sel. Mélangez bien jusqu'à obtention d'une pâte lisse. Finissez en ajoutant le beurre fondu.

2. Cassez le chocolat en morceaux et faites-le fondre au bain-marie. Mélangez-le avec une cuillère en bois. Il doit être lisse et bien brillant.

3. Mettez le gaufrier à chauffer. À l'aide d'un pinceau, huilez les plaques. Placez-y 1 cuil. à soupe de pâte et refermez-le. Laissez cuire pendant environ 3 min jusqu'à ce que les gaufres soient bien dorées. Tant qu'elles sont encore chaudes, agrémentez-les de chocolat chaud et servez aussitôt.

CONSEIL

Accompagnez ces gaufres au chocolat encore chaudes d'une bonne crème Chantilly.

VARIANTE

Vous pouvez ajouter 80 g de chocolat noir fondu, directement dans la pâte, en même temps que le beurre.

GAUFRES AU CARAMEL AU BEURRE SALÉ ET GLACE VANILLE

Pour 8 gaufres / 20 min de préparation / 2 h de repos pour le caramel / 13 min de cuisson

Ingrédients

Pour les gaufres

50 g de beurre
250 g de farine
1 sachet de levure
30 g de sucre
1 bonne pincée de sel
2 œufs
40 cl de lait

Pour le caramel au beurre salé

30 cl crème liquide
150 g de beurre salé
300 g de sucre

Pour la garniture

1 bac de glace à la vanille

Matériel

Batteur électrique
Gaufrier
Pinceau de cuisine

1. Préparez d'abord le caramel au beurre salé. Faites chauffer la crème. Dans une autre casserole, faites chauffer le beurre salé et le sucre à feu vif et mélangez jusqu'à ce que le caramel prenne une couleur dorée.

2. Lorsque le caramel a refroidi, versez la crème chaude dessus. Mélangez et reprenez la cuisson pendant 5 min à feu moyen. Versez dans un bocal et fermez-le, puis laissez refroidir pendant 2 h.

3. Faites fondre le beurre au bain-marie ou au four à micro-ondes. Dans un récipient, mélangez la farine, le sachet de levure, le sucre et la pincée de sel. Incorporez les œufs, le beurre fondu et le lait au batteur électrique jusqu'à l'obtention d'une pâte bien lisse. Ajoutez à la préparation le caramel au beurre salé.

4. Mettez le gaufrier à chauffer. À l'aide d'un pinceau, huilez les plaques. Placez-y 1 cuil. à soupe de pâte et refermez-le. Laissez cuire pendant environ 3 min jusqu'à ce que les gaufres soient bien dorées. Servez avec une boule de glace à la vanille.

GAUFRES FOURRÉES À LA VERGEOISE

Pour 20 à 30 gaufres environ / 40 min de préparation / 1 h 30 de repos / 30 s à 1 min de cuisson par gaufre

Ingrédients

½ sachet de levure de boulanger déshydratée
10 cl de lait
60 g de beurre
280 g de farine
1 pincée de sel
20 g de sucre en poudre
1 sachet de sucre vanillé
2 œufs

Pour le fourrage

100 g de beurre demi-sel mou
250 g de vergeoise blonde ou de cassonade
1 cuil. à soupe de rhum

Matériel

Robot (facultatif)
Gaufrier avec plaques à gaufrettes
Plaque à pâtisserie
Papier sulfurisé
Pinceau de cuisine

1. Dans un bol, délayez la levure avec le lait tiède. Faites fondre le beurre à faible puissance au four à micro-ondes. Dans un saladier, mélangez la farine avec le sel, le sucre et le sucre vanillé. Faites un puits et versez-y les œufs battus en omelette, le mélange de lait et de levure et le beurre fondu. Pétrissez à la main, ou au robot, jusqu'à obtenir une pâte bien lisse. Couvrez d'un torchon et laissez reposer pendant 1 h dans un endroit tiède.

2. Préparez le fourrage : travaillez le beurre jusqu'à ce qu'il soit bien souple. Incorporez petit à petit la vergeoise. Ajoutez le rhum et mélangez.

3. Façonnez 20 à 30 petites boules avec la pâte en fonction de la taille des plaques à gaufrettes. Posez-les sur la plaque à pâtisserie, préalablement recouverte de papier sulfurisé. Laissez-les reposer pendant 30 min.

4. Faites chauffer le gaufrier avec les plaques à gaufrettes. À l'aide d'un pinceau, huilez les plaques. Faites cuire les boules de pâte deux par deux, sans fermer totalement le gaufrier, entre 30 s et 1 min. Les gaufres doivent être légèrement gonflées et bien dorées.

5. Lorsqu'elles sont encore chaudes, ouvrez les gaufres en deux à l'aide d'un couteau pointu. Fourrez-les avec la préparation à la vergeoise. Refermez-les et laissez-les refroidir.

GALETTES AU SAUMON FUMÉ ET À LA CRÈME FRAÎCHE

Pour 2 galettes / 5 min de préparation

Ingrédients

2 galettes de sarrasin maison (voir p. 26) ou du commerce
4 cuil. à soupe de crème fraîche
2 cuil. à café de jus de citron
4 brins d'aneth ciselés
Quelques baies rouges
2 tranches de saumon fumé
Quelques œufs de saumon (facultatif)
2 noix de beurre
Sel, poivre

Pour la décoration

Brins d'aneth
½ citron

1. Fouettez la crème fraîche avec le jus de citron, l'aneth et les baies rouges. Salez et poivrez.

2. Faites réchauffer les galettes 30 s de chaque côté. Beurrez-les et disposez-les sur des assiettes de service.

3. Étalez les tranches de saumon fumé sur les galettes et pliez celles-ci en formant un triangle pour laisser apparaître le saumon. Déposez par-dessus les œufs de saumon. Servez ces crêpes, accompagnées de crème fraîche, de brins d'aneth et d'un demi-citron.

GALETTES AU JAMBON, ŒUF ET COMTÉ

Pour 4 galettes / 20 min de préparation / 15 min de cuisson

Ingrédients

Pour les galettes

250 g de farine de sarrasin
½ cuil. à soupe de gros sel de Guérande
1 pincée de poivre
1 œuf
60 cl d'eau froide

Pour la garniture

4 œufs
140 g de comté râpé
4 tranches de jambon blanc
Sel et poivre du moulin

Matériel

Pinceau de cuisine

1. Préparez la pâte à galettes de sarrasin. Versez la farine dans un saladier, faites un puits au centre, puis ajoutez-y le sel, le poivre et l'œuf. Versez peu à peu 50 cl d'eau. Remuez en incorporant progressivement la farine à l'eau pour éviter la formation de grumeaux.

2. Faites cuire les galettes. Préchauffez la poêle à crêpes. Faites fondre du beurre dans une petite casserole, ou au four à micro-ondes, et utilisez du papier absorbant comme tampon ou un pinceau. Graissez la poêle, versez 1 louche de pâte et tournez légèrement la poêle en la penchant afin de répartir uniformément la pâte. Trempez le pinceau dans le beurre fondu et badigeonnez la galette. Laissez-la cuire 2 min, puis retournez-la à l'aide d'une spatule et laissez cuire l'autre côté.

3. Préparez les œufs au plat. Une fois la galette cuite sur les deux faces, cassez 1 œuf dessus délicatement afin d'éviter de crever le jaune. Salez et poivrez.

4. Garnissez les galettes une à une. Recouvrez l'œuf de comté râpé et d'une tranche de jambon coupée en lanières. Repliez la galette et dégustez-la aussitôt.

GAUFRES À LA FARINE DE SARRASIN, JAMBON, ŒUF ET FROMAGE

Pour 8 gaufres environ / 15 min de préparation / 13 min de cuisson pour les gaufres / 2 min de cuisson pour les œufs

Ingrédients

Pour les gaufres

50 g de beurre
250 g de farine de sarrasin
1 sachet de levure
1 cuil. à café rase de sel
2 œufs
40 cl de lait

Pour la garniture

8 œufs
150 g de gruyère râpé
4 tranches de jambon
Sel et poivre du moulin

Matériel

Batteur électrique
Gaufrier
Pinceau de cuisine

1. Faites fondre le beurre au bain-marie ou au four à micro-ondes. Dans un récipient, mélangez la farine de sarrasin, le sachet de levure et le sel. Incorporez 2 œufs, le beurre fondu et le lait au batteur électrique jusqu'à l'obtention d'une pâte bien lisse.

2. Mettez le gaufrier à chauffer. À l'aide d'un pinceau, huilez les plaques. Placez-y 1 cuil. à soupe de pâte et refermez-le. Laissez cuire pendant environ 3 min jusqu'à ce que les gaufres soient bien dorées. Parsemez les gaufres encore chaudes de gruyère râpé.

3. Faites fondre un peu de beurre dans une poêle à feu moyen. Cassez les œufs dans la poêle. Laissez cuire 2 à 3 min. Salez, poivrez.

4. Au moment de servir, déposez une demi-tranche de jambon et un œuf sur le plat sur chaque gaufre.

3. SPÉCIALITÉS D'ICI ET D'AILLEURS

BOURRIOLS AUVERGNATS

Pour 12 crêpes environ / 40 min de préparation / 2 à 3 h de repos / 2 min de cuisson par crêpe

Ingrédients
20 g de levure boulangère
1 cuil. à café de sucre
300 g de farine de froment
100 g de farine de sarrasin ou de farine complète
1 verre de lait
Beurre ou matière grasse pour la cuisson

1. Délayez la levure et le sucre dans un demi-verre d'eau tiède et laissez fermenter pendant 5 min.

2. Mélangez les deux farines dans une grande terrine. Ajoutez la levure délayée et 20 cl d'eau tiède. Travaillez le tout jusqu'à l'obtention d'une pâte homogène et élastique, que vous laisserez gonfler à couvert pendant 2 à 3 h dans un endroit tiède.

3. Ajoutez le verre de lait à la pâte pour obtenir une consistance fluide et claire. Mélangez soigneusement. La pâte doit pouvoir être prélevée à la louche. Au besoin, rajoutez un peu plus de lait ou d'eau.

4. Procédez à la cuisson des bourriols : faites chauffer une poêle anti-adhésive, graissez-la et faites-y cuire des crêpes très fines, le résultat sera meilleur.

CONSEIL

Ces bourriols, qui s'apparentent par leur aspect aux galettes classiques, font office de pain en Auvergne, et accompagnent le repas. On peut aussi les tartiner de beurre et de confiture à l'heure du petit-déjeuner ou du goûter.

CRÊPES À L'ALSACIENNE

Pour 2 crêpes / 10 min de préparation

Ingrédients

2 crêpes sucrées maison (voir p. 14) ou du commerce

2 noisettes de beurre

4 cuil. à soupe de frangipane

100 g de framboises

Eau-de-vie de framboise

1. Faites réchauffer les crêpes 30 s de chaque côté. Enduisez-les de beurre.

2. Mélangez la frangipane aux framboises et garnissez-en la crêpe. Pliez-la en quatre ou en cornet. Disposez-la sur l'assiette de service.

3. Faites chauffer un peu d'eau-de-vie de framboise, arrosez-en la crêpe, flambez et servez.

COUQUEBAQUES CH'TIS

Pour 6 crêpes environ / 20 min de préparation / 2 h de repos / 15 min de cuisson par crêpe

Ingrédients
300 g de farine
1 pincée de sel
60 g de vergeoise brune
3 œufs
25 cl de lait
40 g de beurre fondu
15 cl de bière
1 cuil. à soupe de chicorée liquide

1. Dans un saladier, mélangez la farine, le sel et la vergeoise. Creusez un puits et versez-y les œufs battus, le lait, 10 cl d'eau et le beurre fondu. Mélangez jusqu'à obtenir une pâte bien lisse.

2. Ajoutez la bière, la chicorée liquide et mélangez de nouveau. Laissez reposer pendant 2 h à température ambiante.

3. Faites cuire les couquebaques dans une poêle graissée bien chaude. Elles doivent être deux fois plus épaisses que les crêpes classiques.

CONSEIL

Grosse crêpe à la bière, la couquebaque tire son nom des mots néerlandais koeck (gâteau) et bakken (cuire). Cette crêpe se doit d'être deux fois plus épaisse qu'une crêpe classique pour mériter sa spécificité nordiste. Servez les couquebaques en dessert ou au goûter, accompagnées de cassonade ou de confiture.

CRÊPES DENTELLE BRETONNES

Pour 30 crêpes / 20 min de préparation / 2 h de repos / 30 min de cuisson

Ingrédients

1 gousse de vanille
250 g de farine de froment
250 g de sucre de canne blanc
1 pincée de sel
5 œufs
75 cl de lait frais entier
50 g de beurre

1. Coupez la gousse de vanille dans la longueur, puis grattez l'intérieur pour retirer les graines. Dans un saladier, mélangez la farine, le sucre, le sel et la vanille.

2. Battez les œufs en omelette et versez-les petit à petit dans la farine en mélangeant. Versez ensuite le lait, sans cesser de mélanger. Si des grumeaux se forment, passez la pâte au travers d'un tamis. Mettez la pâte à reposer au réfrigérateur pendant 2 h.

3. Faites chauffer une poêle ou une crêpière légèrement graissée à feu moyen, puis versez une petite louche de pâte. Répartissez-la sur toute la surface. Retournez la crêpe, puis faites-la glisser sur une planche. Roulez-la encore chaude et laissez-la refroidir. Conservez les crêpes dans une boîte parfaitement hermétique.

CONSEIL

Ces crêpes se consomment comme des biscuits. Elles accompagnent à merveille les salades d'agrumes.

CRÊPES CROQUANTES À L'ESPAGNOLE

Pour 15 crêpes environ / 15 min de préparation / 3 h de repos / 20 min de cuisson

Ingrédients

1 sachet de levure
1 cuil. à café de sucre
250 g de farine
1 cuil. à café de sel

Pour la cuisson

Huile pour friture

Pour la garniture

Sucre glace ou mélasse liquide

Matériel

Rouleau à pâtisserie
Friteuse

1. Diluez la levure dans un peu d'eau tiède et ajoutez le sucre. Laissez fermenter pendant 5 min.

2. Versez la farine dans une terrine, ajoutez la levure délayée et le sel. Versez dessus 20 cl d'eau tout en pétrissant, jusqu'à l'obtention d'une boule de pâte bien lisse et bien molle. Couvrez avec un torchon et laissez reposer 3 h dans un endroit tiède.

3. Formez de petites boules avec la pâte. Aplatissez-les le plus finement possible au rouleau.

4. Faites chauffer de l'huile dans une friteuse et faites-y cuire les crêpes jusqu'à ce qu'elles soient croquantes. Retirez-les avec une écumoire et mettez-les dans une grande assiette garnie d'un papier absorbant. Dégustez-les chaudes ou froides, saupoudrées de sucre glace ou arrosées de mélasse liquide.

CRÊPES DE PRAGUE FOURRÉES AUX FRUITS ET À LA CHANTILLY

Pour 8 crêpes / 15 min de préparation / 5 min de cuisson

Ingrédients

Pour les crêpes

1 œuf
20 cl de lait
1 cuil. à café de vanille en poudre
1 cuil. à soupe de sucre en poudre
30 g de beurre fondu
2 pincées de sel
220 g de farine
Huile de tournesol

Pour la garniture

250 g de fruits rouges

Pour la chantilly

20 cl de crème fleurette
15 g de sucre glace

Matériel

Batteur électrique

1. Placez les pales du batteur et un saladier dans le congélateur. Dans un saladier, mélangez l'œuf avec le lait, la vanille, le sucre, le beurre fondu et le sel. Ajoutez la farine et mélangez énergiquement.

2. Faites chauffer une poêle avec un filet d'huile. Faites cuire les crêpes en les retournant à mi-cuisson.

3. Rincez les fruits rouges. Sortez le saladier et les pales du batteur du congélateur. Montez la crème fleurette en chantilly. Ajoutez le sucre glace et mélangez sans faire redescendre la crème. Garnissez les crêpes de fruits, recouvrez de crème Chantilly et dégustez sans attendre.

CRÊPES BOUQUETTES BELGES

Pour 6 crêpes / 20 minutes de préparation / 2 h 40 de repos / 10 min de cuisson

Ingrédients

42 g de levure de boulanger fraîche
30 g de sucre
15 cl d'eau chaude
2 œufs
250 g de farine de froment
250 g de farine de sarrasin (ou blé noir)
Sel
25 cl de lait frais entier à température ambiante
25 cl d'eau
5 cl de rhum
50 g de beurre

1. Dans un bol, délayez la levure avec le sucre et l'eau chaude. Laissez reposer 10 min afin d'activer la levure. Battez les œufs en omelette. Dans un grand saladier, mélangez les farines avec un peu de sel. Creusez un trou au centre et versez les œufs et la levure. Mélangez bien afin d'obtenir une pâte homogène. Couvrez d'un torchon et laissez reposer 30 min à l'air libre.

2. Versez ensuite dans le saladier le lait, 25 cl d'eau et le rhum. Mélangez bien (vous devez obtenir une pâte ressemblant à de la pâte à crêpes), puis laissez reposer 2 h.

3. Dans une poêle, faites chauffer un peu de beurre. Mélangez rapidement la pâte et versez-en une petite louche dans la poêle. Faites-la cuire comme une crêpe classique et servez-la aussitôt, c'est toujours meilleur.

VARIANTES

Cette recette d'origine belge peut être agrémentée de raisins secs gonflés dans du rhum qu'on ajoute dans la crêpe en cours de cuisson. Servez-les avec de la cassonade, de la chantilly ou du chocolat chaud.

CRÊPES AUX MILLE TROUS MAROCAINES

Pour 6 crêpes environ / 10 min de préparation / 2 h de repos / 2-3 min de cuisson par crêpe

Ingrédients

Pour les crêpes

200 g de farine
1 sachet de levure de boulanger déshydratée
200 g de semoule de blé fine
½ cuil. à café de sel
60 cl d'eau tiède
1 cuil. à soupe d'huile de tournesol

Pour la garniture

Beurre fondu
Miel d'acacia
Cannelle en poudre

1. Dans un saladier, mélangez la farine, la levure, la semoule de blé et le sel. Ajoutez l'eau tiède. Mélangez bien jusqu'à obtention d'une pâte de la consistance d'une pâte à crêpes. Couvrez le saladier et laissez reposer la pâte dans un endroit chaud pendant 2 h.

2. Mélangez à nouveau la pâte. Faites chauffer une poêle antiadhésive. Huilez-la légèrement et versez-y une louche de pâte. Étalez-la sur toute la surface de la poêle en faisant tourner celle-ci. Laissez cuire la crêpe pendant 2 ou 3 min à feu doux. Des trous doivent se former à la surface de la crêpe.

3. Faites cuire ainsi d'un seul côté toutes les crêpes jusqu'à épuisement de la pâte. Débarrassez-les au fur et à mesure sur un linge, sans les empiler. Servez ces crêpes badigeonnées de beurre fondu et de miel, puis saupoudrées d'un peu de cannelle en poudre.

CRÊPES DES ÎLES

Pour 4 crêpes environ / 15 min de préparation / 1 à 2 h de repos / 5 min de cuisson par crêpe

Ingrédients
150 g de farine de sarrasin
50 g de sucre
2 œufs
10 cl de crème
10 cl de lait
1 pincée de sel
2 cuil. à soupe de rhum
4 rondelles d'ananas
Sucre glace

1. Préparez la pâte à crêpes en mélangeant intimement la farine, le sucre, les œufs, la crème, le lait et le sel. Parfumez au rhum. Laissez reposer pendant 1 à 2 h à température ambiante.

2. Étalez une fine couche de pâte dans une crêpière ou une pôele et faites-la cuire 1 min. Retournez-la, ajoutez la rondelle d'ananas et recouvrez-la d'un peu de pâte (½ louche). Laissez cuire 1 min, retournez et faites cuire encore 30 s.

3. Saupoudrez de sucre glace et servez sans plier la crêpe.

CRÊPES DE MANGUE POÊLÉE AU FRUIT DE LA PASSION

Pour 2 crêpes / 20 min de préparation / 15 min de cuisson

Ingrédients

2 crêpes sucrées maison (voir p. 14) ou du commerce
1 cuil. à soupe de sucre en poudre
1 mangue
1 cuil. à soupe de jus de citron vert
3 fruits de la Passion

1. Dans une poêle, faites chauffer le sucre avec la mangue épluchée et détaillée en lamelles. Laissez cuire 5 min. Déglacez avec le jus de citron vert et mélangez bien. Ôtez du feu.

2. Récupérez la pulpe des fruits de la Passion et passez-la au chinois afin de récupérer le jus. Ajoutez-le aux mangues poêlées et mélangez.

3. Disposez cette préparation sur les crêpes et roulez-les avant de consommer.

VARIANTE

Vous pouvez remplacer les mangues par de l'ananas et ajouter quelques noix de cajou.

GAUFRES À L'ANANAS FLAMBÉ ET SORBET COCO

Pour 6 gaufres / 10 min de préparation / 10 min de cuisson

Ingrédients

6 gaufres sucrées maison (voir p. 28) ou du commerce
1 ananas Victoria
25 g de beurre demi-sel
25 g de cassonade
2 pincées de vanille en poudre
10 cl de rhum
6 boules de sorbet coco

1. Épluchez l'ananas en faisant attention à bien retirer tous les yeux noirs. Coupez-le ensuite en quatre. Retirez le cœur et recoupez chaque quartier en deux, puis en petits morceaux de 3 cm environ.

2. Dans une poêle, faites fondre le beurre avec la cassonade et la vanille. Ajoutez l'ananas et faites cuire 10 min à feu moyen, en remuant fréquemment. Versez alors le rhum et faites flamber.

3. Répartissez l'ananas chaud sur les gaufres. Ajoutez par-dessus 1 boule de sorbet coco et servez aussitôt.

VARIANTES

L'ananas peut être remplacé par de la mangue, des bananes, des pommes, des poires, etc. En ce qui concerne la glace, la vanille ou le chocolat conviendront aussi très bien.

GAUFRES AU JUS DE CITRON VERT, RHUM ET NOIX DE COCO

Pour 8 gaufres / 15 min de préparation / 13 min de cuisson

Ingrédients

Pour les gaufres

2 citrons verts
50 g de beurre
250 g de farine
1 sachet de levure
30 g de sucre
1 bonne pincée de sel
2 œufs
30 cl de lait
4 cuil. à soupe de rhum
100 g de noix de coco en poudre

Pour la garniture

8 cuil. à soupe de sirop d'érable

Matériel

Batteur électrique
Gaufrier
Pinceau de cuisine

1. Pressez les citrons verts. Réservez le jus dans un bol.

2. Faites fondre le beurre au bain-marie ou au four à micro-ondes. Dans un récipient, mélangez la farine, le sachet de levure, le sucre et la pincée de sel. Incorporez les œufs, le beurre fondu et le lait au batteur électrique jusqu'à l'obtention d'une pâte bien lisse. Incorporez ensuite le rhum et le jus de citron. Puis, incorporez la noix de coco en poudre.

3. Mettez le gaufrier à chauffer. À l'aide d'un pinceau, huilez les plaques. Placez-y 1 cuil. à soupe de pâte et refermez-le. Laissez cuire pendant environ 3 min jusqu'à ce que les gaufres soient bien dorées.

4. Au moment de servir, nappez les gaufres de sirop d'érable.

GAUFRES LIÉGEOISES

Pour 10 gaufres environ / 20 min de préparation / 45 min de repos / 3 min de cuisson par gaufre

Ingrédients

1 cuil. à café de levure de boulanger déshydratée
15 cl de lait
250 g de farine
1 pincée de sel
1 œuf
100 g de beurre mou
120 g de sucre perlé
Huile

Matériel

Robot (facultatif)
Gaufrier
Pinceau de cuisine

1. Dans un bol, délayez la levure avec le lait tiède. Dans un saladier, mélangez la farine avec le sel. Creusez un puits, cassez-y l'œuf puis versez le mélange de lait et de levure. Pétrissez à la main, ou au robot, jusqu'à obtenir une pâte bien lisse. Ajoutez le beurre mou et mélangez de nouveau. Couvrez d'un torchon et laissez reposer pendant 30 min dans un endroit tiède.

2. Ajoutez le sucre perlé et pétrissez de nouveau la pâte. Laissez reposer pendant 15 min.

3. Mettez le gaufrier à chauffer. À l'aide d'un pinceau, huilez les plaques. Placez-y 1 cuil. à soupe de pâte et refermez-le. Laissez cuire pendant environ 3 min jusqu'à ce que les gaufres soient bien dorées. Laissez refroidir sur une grille.

ASTUCE

Cette fameuse gaufre belge, petite et ronde, comporte traditionnellement 24 trous. Elle fait le délice de notre palais grâce à ses délicats petits grains de sucre perlé qui croustillent sous la dent. Dégustez-les tièdes, elles seront encore meilleures !

GAUFRES SÈCHES DU NORD

Pour environ 60 gaufres / 20 min de préparation / 2 h de repos / 30 s à 1 min de cuisson par gaufre

Ingrédients

500 g de farine
1 pincée de sel
250 g de vergeoise
1 sachet de sucre vanillé
1 pincée de cannelle
2 œufs
250 g de beurre très mou

Matériel

Film alimentaire
Gaufrier avec plaques à gaufrettes
Pinceau de cuisine

1. Dans un saladier, mélangez la farine avec le sel, la vergeoise, le sucre vanillé et la cannelle. Faites un puits et versez-y les œufs battus en omelette et le beurre très mou. Pétrissez pendant 10 min jusqu'à obtenir une pâte bien lisse. Filmez et laissez reposer pendant au moins 2 h au frais.

2. Façonnez une soixantaine de petites boules avec la pâte et aplatissez-les légèrement. Faites chauffer le gaufrier avec les plaques à gaufrettes. À l'aide d'un pinceau, huilez les plaques. Faites cuire les boules de pâte deux par deux, entre 30 s et 1 min. Les gaufres doivent être dorées mais pas brunes. Laissez-les refroidir sur une grille après la cuisson.

ASTUCE

Les gaufres sèches se conservent pendant plusieurs jours dans une boîte métallique. Si aujourd'hui, elles se dégustent à l'heure du goûter, il arrivait autrefois que l'on consomme ces biscuits légers à base de farine et d'eau, cuits entre deux fers, lorsque l'on manquait de pain. À Dunkerque, la coutume voulait que ces savoureuses gaufres craquantes en forme de nid d'abeilles soient offertes aux voisins à l'occasion de la nouvelle année.

PANNEQUETS COLETTE

Pour 8 galettes / 25 min de préparation / 15 à 20 min de cuisson

Ingrédients

8 galettes de sarrasin maison (voir p. 26) ou du commerce
300 g de champignons de Paris
200 g de blancs de poulet
2 cuil. à soupe de crème fraîche
2 cuil. à soupe d'huile
Parmesan râpé
Sel, poivre

Pour la béchamel

2 cuil. à soupe de farine
⅓ litre de lait
50 g de beurre + beurre pour le plat
1 œuf
1 pincée de noix muscade
Sel, poivre

1. Lavez les champignons et coupez-les en petits morceaux. Coupez le poulet en dés. Faites chauffer l'huile dans une sauteuse et faites-y revenir les morceaux de volaille pendant 5 min. Ajoutez les champignons et faites-les revenir aussi 5 min. Salez et poivrez. Ajoutez la crème fraîche.

2. Allumez le four à 180 °C (th. 6). Garnissez chaque crêpe avec un peu de la préparation poulet-champignons, puis roulez-les en cigare. Rangez-les dans un plat à gratin beurré.

3. Préparez la béchamel : mélangez à froid la farine, le lait, du sel et du poivre. Parfumez de noix muscade, puis amenez à ébullition à feu moyen en remuant. Ajoutez le beurre. Éteignez le feu et cassez l'œuf tout en mélangeant.

4. Versez la béchamel sur les pannequets, parsemez de parmesan et faites gratiner au four pendant 15 à 20 min.

CONSEIL

Cette recette est parfaite pour utiliser tout reste de volaille, de viande ou de poisson.

ACCORDÉONS DE CRÊPES FAÇON SOCCA

Pour 20 pièces / 15 min de préparation / 15 min de cuisson

Ingrédients
80 g de farine de pois chiches (dans les magasins bio ou certains hypermarchés)
1 œuf
15 cl d'eau
3 cuil. à soupe d'huile d'olive
50 g d'olives vertes dénoyautées
Sel, poivre

Matériel
20 piques à brochettes en bois

1. Versez la farine dans un grand saladier et creusez un puits. Mettez-y l'œuf entier, du sel et du poivre. À l'aide d'un fouet, battez l'œuf avec l'assaisonnement. Versez l'eau en filet en incorporant petit à petit la farine au mélange initial. Éliminez l'ensemble des grumeaux. Lorsque la pâte est lisse, ajoutez l'huile d'olive et mélangez une dernière fois.

2. Rincez à l'eau les olives, puis coupez-les en fines rondelles et incorporez-les à la pâte. Faites chauffer à feu moyen une poêle à crêpes ou une poêle antiadhésive. Versez-y la pâte avec une louche, étalez-la en inclinant la poêle et faites cuire recto verso. Attention : la crêpe doit rester souple afin d'être pliée.

3. Coupez des bandes d'à peu près 3,5 cm de large. Pliez les bandes en accordéon et piquez-les avec les brochettes en ois. Dépliez les accordéons sur les brochettes.

CRÊPES VONNASSIENNES

Pour 6 crêpes / 20 minutes de préparation / 30 minutes de cuisson / 30 minutes de repos

Ingrédients

500 g de pommes de terre type BF15 ou charlotte
25 cl de lait frais entier
2 pincées de noix muscade
2 œufs + 2 blancs
50 g de mascarpone
25 g de beurre
Sel, poivre

Matériel

Moulin à légumes

1. Dans une grande casserole remplie d'eau froide salée, faites cuire les pommes de terre. La pointe d'un couteau doit pouvoir s'y enfoncer sans résistance (comptez environ 20 min après la première ébullition).

2. Égouttez, puis épluchez les pommes de terre. Passez-les au moulin à légumes muni d'une grille fine. Versez ensuite le lait sans cesser de mélanger. Ajoutez le sel, le poivre, la noix muscade, les œufs et le mascarpone. Laissez reposer au réfrigérateur pendant 30 min.

3. Faites fondre le beurre dans une poêle, puis versez une petite louche de pâte. Répartissez-la sur toute la surface. Laissez cuire 3 ou 4 min à feu moyen, puis retournez délicatement la crêpe. Comptez encore 3 ou 4 min de cuisson et servez aussitôt.

VARIANTES

Cette crêpe, originaire de la région des Dombes, accompagne souvent des plats en sauce à base de volaille. Vous pouvez aussi la servir avec de la salade, du poisson fumé ou de la charcuterie.

CRÊPE PARMENTIER À LA LYONNAISE

Pour 4 crêpes environ / 15 minutes de préparation / 10 minutes de cuisson

Ingrédients

4 grosses pommes de terre
150 g de farine
1 verre de lait
2 œufs
2 cuil. à soupe d'huile de tournesol
Sel, poivre
Huile pour la cuisson

Matériel

Batteur électrique

1. Lavez et épluchez les pommes de terre. Râpez-les finement. Mettez-les dans une terrine avec la farine, le lait, les œufs, l'huile de tournesol, du sel et du poivre. Battez le tout énergiquement, de préférence avec un batteur électrique. Si le mélange n'est pas assez compact, rajoutez une poignée de farine.

2. Faites chauffer l'huile dans une poêle antiadhésive suffisamment grande (environ 26 cm de diamètre) pour que vous puissiez y verser la pâte d'un seul coup. Vous devez obtenir une galette épaisse de 2 cm.

3. Faites cuire pendant 3 min, à feu moyen, tout en tassant la pâte avec le dos d'une cuillère en bois pour bien former la galette. Puis retournez-la et faites cuire encore 4 à 5 min de la même façon, jusqu'à ce que le dessus soit coloré. Servez chaud, en accompagnement de viandes ou de volailles.

CONSEIL

Vous pouvez ajouter à cette galette des lardons, du jambon ou du fromage râpé. Accompagnez le tout d'une salade verte, et vous aurez ainsi un repas complet.

FICELLE PICARDE

Pour 6 personnes / 30 min de préparation / 40 min de cuisson

Ingrédients
6 crêpes salées maison (voir p. 24) ou du commerce
20 g de beurre
6 échalotes
1 oignon
100 g de cèpes surgelés
200 g de champignons de Paris surgelés
20 cl de vin blanc
20 cl de crème liquide
20 cl de crème épaisse
1 cuil. à soupe de Maïzena®
Muscade râpée
6 tranches de jambon
150 g de gruyère râpé
Sel et poivre

1. Dans une poêle, faites fondre le beurre. Faites revenir les échalotes et l'oignon épluchés et émincés pendant 5 min. Ajoutez les champignons et laissez cuire jusqu'à ce que toute leur eau se soit évaporée. Déglacez ensuite avec le vin blanc et laissez réduire pendant 10 à 15 min. Ajoutez les crèmes et laissez réduire 10 min. Ôtez du feu et ajoutez la Maïzena® préalablement diluée dans 2 cuil. à soupe d'eau. Remuez jusqu'à épaississement. Salez, poivrez et ajoutez un peu de muscade.

2. Préchauffez le four à 200 °C (th. 6-7).

3. Sur chaque crêpe, disposez une tranche de jambon, puis un peu de sauce, roulez et mettez dans un plat allant au four. Saupoudrez de fromage et d'un filet de sauce et enfournez pendant 10 min. Servez bien chaud accompagné d'une salade de mâche ou d'endives.

GALETTES PROVENÇALES

Pour 2 galettes / 15 min de préparation

Ingrédients

2 galettes de sarrasin maison (voir p. 26) ou du commerce
2 petits oignons
2 cuil. à soupe d'huile d'olive
2 tomates
2 pointes d'ail écrasé
Poivre du moulin
2 pincées d'herbes de Provence
Une dizaine de petites olives noires dénoyautées
4 filets d'anchois
2 noisettes de beurre

Pour la décoration

Filet d'anchois
Quartiers de tomate

1. Épluchez les oignons et hachez-les très finement. Faites-les revenir dans l'huile d'olive pendant 2 min. Ajoutez les tomates coupées en quartiers, l'ail, du poivre, les herbes de Provence, et poursuivez la cuisson en mélangeant pendant 5 min. Ajoutez les olives.

2. Rincez à l'eau les filets d'anchois et épongez-les avec un papier absorbant.

3. Faites réchauffer les galettes 30 s sur un côté, retournez-les, étalez le beurre, puis la préparation « à la provençale ». Ajoutez les filets d'anchois.

4. Roulez les crêpes ou pliez-les en quatre. Servez-les décorées d'un filet d'anchois et de quartiers de tomate.

GALETTES À L'ANDOUILLE DE GUÉMÉNÉ

Pour 2 galettes / 10 min de préparation / 5 min de cuisson

Ingrédients
2 galettes de sarrasin maison (voir p. 26) ou du commerce
½ pomme verte
20 g de beurre
12 tranches d'andouille de Guéméné
Sel, poivre

1. Épluchez la pomme, puis coupez-la en fines lamelles. Faites chauffer la poêle ou la crêpière à feu moyen. Ajoutez le beurre, laissez-le fondre en l'étalant bien, puis déposez une galette dans la poêle pour la réchauffer.

2. Retirez la galette de la poêle. Mettez à la place les lamelles de pommes et l'andouille dans la poêle. Posez la galette par-dessus et laissez cuire 1 min.

3. Retournez la galette sur une assiette, poivrez, salez et servez aussitôt.

CONSEILS

La charcuterie se marie très bien avec les galettes. Vous pouvez donc remplacer l'andouille par du bacon, de la viande des Grisons, de la bresaola ou de la coppa...

GALETTES AUVERGNATES

Pour 6 crêpes / 15 min de préparation / 40 min de cuisson

Ingrédients

6 crêpes salées maison (voir p. 24) ou du commerce
6 pommes de terre
150 g de lardons fumés
100 g de roquefort
10 cerneaux de noix

1. Faites cuire vos pommes de terre en robe des champs (c'est-à-dire avec la peau) dans une casserole d'eau bouillante. Vérifiez leur cuisson de temps en temps, celle-ci dépend de la taille des pommes de terre.

2. Épluchez-les et taillez-les en lamelles. Faites cuire les lardons dans une poêle sans matière grasse pendant 5 min, puis réservez-les.

3. Sur chaque crêpe, disposez des lamelles de pommes de terre, un peu de roquefort coupé en dés, quelques lardons et parsemez de cerneaux de noix concassés. Servez aussitôt.

CRÊPES NORMANDES BOUDIN ET POMMES

Pour 2 crêpes / 20 min de préparation / 20 min de cuisson

Ingrédients

2 crêpes salées maison (voir p. 24) ou du commerce
250 g de boudin noir
1 pomme
1 pincée de sucre en poudre
2 cuil. à soupe d'huile d'olive
4 échalotes
Sel et poivre

1. Dans une poêle, faites griller le boudin sans matière grasse. Découpez-le en tranches, salez, poivrez et réservez.

2. Épluchez et épépinez la pomme. Disposez-la dans une casserole avec le sucre et 2 cuil. à soupe d'eau. Laissez compoter 5 min sur feu moyen.

3. Dans une poêle, faites chauffer l'huile d'olive et faites cuire les échalotes épluchées et émincées pendant 5 min.

4. Disposez au centre de chaque crêpe un lit de pommes, les échalotes et des tranches de boudin. Servez bien chaud.

GALETTES FARCIES À L'ITALIENNE

Pour 8 galettes / 20 min de préparation / 10 à 15 min de cuisson

Ingrédients

8 galettes de sarrasin (voir p. 26) assez épaisses
150 g de jambon italien (parme ou san daniele)
100 g de mozzarella
4 tranches de pain de mie
2 œufs
200 g de ricotta
1 gousse d'ail
1 échalote
3 tomates
3 cuil. à soupe d'huile d'olive
5 ou 6 feuilles de basilic
Sel, poivre

1. Coupez le jambon et la mozzarella en petits morceaux. Émiettez le pain de mie dans les œufs battus en omelette. Ajoutez-y la ricotta, le jambon et la mozzarella, puis salez et poivrez.

2. Farcissez les huit galettes avec cette préparation et rangez-les ensuite dans un plat à four.

3. Allumez le four à 180 °C (th. 6). Écrasez l'ail au presse-ail, hachez l'échalote et coupez les tomates en petits dés. Faites sauter ce mélange 3 à 4 min dans l'huile d'olive. Versez sur les galettes et enfournez pour 10 à 15 min, le temps de les réchauffer et de laisser fondre les fromages.

4. Juste avant de servir, donnez un tour de moulin à poivre, ajoutez un filet d'huile d'olive et ciselez les feuilles de basilic au-dessus du plat.

VARIANTE

Vous pouvez remplacer le jambon italien par du jambon cru, sec ou de montagne.

CRÊPES ORIENTALES AU POULET, COCO ET CURRY

Pour 4 crêpes / 20 min de préparation / 20 min de cuisson

Ingrédients
4 crêpes salées maison (voir p. 24) ou du commerce
250 g de blancs de poulet
1 échalote
1 cuil. à café de curry en poudre
20 cl de crème de coco
Quelques brins de ciboulette
Quelques brins de persil
1 cuil. à soupe d'huile d'olive
Sel et poivre

1. Taillez les blancs de poulet en aiguillettes. Faites chauffer l'huile dans une poêle et faites revenir le poulet et l'échalote épluchée et ciselée pendant 5 min. Salez et poivrez.

2. Une fois la viande bien dorée sur toutes les faces, ajoutez le curry. Mélangez et enrobez bien la viande d'épices. Ajoutez la crème de coco et laissez mijoter 10 min. Ajoutez les herbes ciselées.

3. Disposez la garniture sur les crêpes, pliez-les en quatre et servez bien chaud.

CRÊPES HONGROISES FARCIES À LA VIANDE

Pour 8 crêpes / 50 min de préparation / 40 min de cuisson

Ingrédients

Pour les crêpes

240 g de farine
+ 2 cuil. à soupe
2 œufs
2 cuil. à soupe d'huile
40 cl de lait

Pour la garniture

2 oignons
300 g de porc maigre
2 cuil. à soupe de saindoux
2 cuil. à café de paprika
40 cl de crème aigre
Sel et poivre du moulin

Matériel

Mixeur

1. Dans un saladier, mélangez la farine, les œufs et l'huile. Délayez progressivement la pâte avec le lait. Faites chauffer la poêle à crêpes à feu vif et confectionnez 8 crêpes. Conservez-les au chaud entre 2 assiettes.

2. Épluchez et émincez finement les oignons. Coupez le porc en petits dés. Faites revenir les oignons dans une poêle avec le saindoux et le paprika. Lorsque les oignons sont translucides, versez 1 cuil. à soupe d'eau afin que le paprika ne devienne pas amer. Ajoutez le porc et faites cuire à l'étouffée à feu doux, en couvrant la poêle pendant 20 min.

3. Préchauffez le four à 120 °C (th. 4). Passez la viande au mixeur avec 2 cuil. à soupe de crème aigre, du sel et du poivre. Garnissez chaque crêpe de viande hachée, roulez-les et disposez-les dans un plat à gratin. Faites cuire 20 min au four.

4. Mélangez le reste de crème avec 2 cuil. à soupe de farine et 4 cuil. à soupe de jus de cuisson de la viande. Dans une casserole, portez à ébullition le mélange à feu vif. Au moment de servir, recouvrez les crêpes de la sauce.

GAUFRES À L'ANGLAISE

Pour 6 gaufres / 10 min de préparation / 15 min de cuisson

Ingrédients

6 gaufres salées maison (voir p. 30) ou du commerce
12 tranches de bacon ou de lard fumé
6 œufs
Sauce Worcestershire
3 pincées de poivre noir fraîchement moulu
Sel

1. Dans une poêle, faites griller à feu moyen les tranches de bacon. Posez-les sur les gaufres et réservez dans le four tiède.

2. Dans la même poêle, faites cuire les œufs au plat dans la graisse du bacon. Posez les œufs sur les gaufres, ajoutez quelques gouttes de sauce Worcestershire, salez et poivrez. Servez aussitôt.

GAUFRES À LA FARINE DE PETIT ÉPEAUTRE ET À LA TAPENADE

Pour 8 gaufres / 20 min de préparation / 13 min de cuisson

Ingrédients

Pour les gaufres

50 g de beurre
250 g de farine de petit épeautre
1 sachet de levure
1 cuil. à café de sel
2 œufs
40 cl de lait

Pour la tapenade

1 petite gousse d'ail
200 g d'olives noires
5 filets d'anchois
1 cuil. à soupe de câpres
3 à 4 cuil. à soupe d'huile d'olive

Matériel

Mixeur
Batteur électrique
Gaufrier
Pinceau de cuisine

1. Préparez la tapenade : pelez et dégermez la gousse d'ail. Dans un mixeur, versez l'ail, les olives noires, les filets d'anchois, les câpres et l'huile d'olive. Mixez. Réservez au réfrigérateur.

2. Faites fondre le beurre au bain-marie ou au four à micro-ondes. Dans un récipient, mélangez la farine de petit épeautre, le sachet de levure et le sel. Incorporez les œufs, le beurre fondu et le lait au batteur électrique jusqu'à l'obtention d'une pâte bien lisse.

3. Mettez le gaufrier à chauffer. À l'aide d'un pinceau, huilez les plaques. Placez-y 1 cuil. à soupe de pâte et refermez-le. Laissez cuire pendant environ 3 min jusqu'à ce que les gaufres soient bien dorées.

4. Servez avec la tapenade.

CONSEIL

Vous pouvez accompagner ces gaufres d'une ratatouille maison.

4. CRÉATIVES

CRÊPES AUX POMMES ET NECTARINES

Pour 8 crêpes / 15 min de préparation / 15 min de cuisson

Ingrédients
300 g de farine
2 œufs
50 cl de lait
50 g de sucre en poudre + 20 g pour saupoudrer les crêpes
2 pommes
2 nectarines
5 cl d'huile neutre
Cannelle

1. Dans un saladier, versez la farine. Creusez un puits et ajoutez au centre les œufs entiers. Mélangez délicatement la pâte à l'aide d'une spatule. Ajoutez le sucre en poudre puis versez le lait petit à petit en fouettant. La pâte doit être bien lisse et sans grumeaux.

2. Épluchez les pommes et les nectarines puis coupez-les en lamelles assez épaisses. Déposez les fruits dans la pâte au fur et à mesure, soit dans le même saladier, soit en séparant la pâte en deux parts égales, l'une pour les pommes, l'autre pour les nectarines, pour obtenir deux sortes de crêpes.

3. Faites chauffer l'huile dans une poêle ou une crêpière et versez une bonne louche de pâte dans la poêle. Laissez cuire pendant quelques minutes à feu moyen et retournez les crêpes lorsqu'elles sont dorées. Déposez-les dans un plat et saupoudrez-les de sucre en poudre et de cannelle au fur et à mesure.

4. Servez-les crêpes encore tièdes.

CRÊPES SOUFFLÉES AU CITRON

Pour 2 crêpes / 20 min de préparation / 10 min de cuisson

Ingrédients

2 crêpes sucrées maison (voir p. 14) ou du commerce
2 œufs
50 g de sucre en poudre
30 g de farine
30 cl de lait entier
10 g de beurre
2 cuil. à soupe de jus de citron

1. Séparez les blancs des jaunes d'œufs. Dans un saladier, fouettez les jaunes avec le sucre jusqu'à ce que le mélange blanchisse, puis ajoutez la farine. Faites chauffer le lait et versez-le sur la préparation précédente tout en continuant de fouetter. Transvasez la crème dans la casserole et faites-la épaissir sur feu moyen. En fin de cuisson, ajoutez le beurre et le jus de citron, et laissez refroidir.

2. Préchauffez le four à 200 °C (th. 6-7). Montez les blancs en neige bien ferme et mélangez-les délicatement à la crème en soulevant bien la préparation.

3. Disposez les crêpes sur une lèchefrite et garnissez-les de mousse au citron. Enfournez pour 7 min avant de déguster.

CRÊPES CROUSTI-CHOCO

Pour 8 crêpes / 10 min de préparation / 30 min de repos / 25 min de cuisson

Ingrédients
2 œufs
150 g de farine
2 cuil. à soupe de sucre en poudre
35 cl de lait
50 g de flocons d'avoine
2 cuil. à soupe de cacao en poudre non sucré

1. Dans un saladier, fouettez les œufs. Ajoutez la farine et le sucre, puis progressivement le lait. Ajoutez les flocons d'avoine et le cacao, puis mélangez bien. Laissez reposer 30 min.

2. Faites chauffer une poêle à crêpes ou une crêpière. Faites cuire la première face de vos crêpes 2 min et la seconde 1 min.

VARIANTE

Vous pouvez remplacer les flocons d'avoine par d'autres flocons comme les flocons de riz ou de pois chiches que l'on trouve en magasins bio.

CONSEIL

Vous pouvez accompagner ces crêpes de bananes flambées au rhum. Pour cela, faites revenir dans une poêle 4 bananes coupées en deux pendant 5 min sur feu moyen avec 2 cuil. à soupe de sucre en poudre. Ôtez du feu et déglacez avec 3 cuil. à soupe de rhum. Faites flamber. Servez aussitôt avec les crêpes.

CRÊPES À LA FARINE DE CHÂTAIGNE ET FRAISES POÊLÉES AU SIROP D'ÉRABLE

Pour 8 crêpes / 15 min de préparation / 1 h de repos / 15 min de cuisson

Ingrédients

Pour les crêpes

4 œufs
170 g de farine de blé
80 g de farine de châtaigne
1 sachet de sucre vanillé
½ l de lait

Pour la poêlée de fraises au sirop d'érable

800 g de fraises
4 cuil. à soupe rases de sirop d'érable
10 g de beurre

1. Dans un saladier, battez les œufs et ajoutez les farines et le sucre. Délayez petit à petit avec le lait.

2. Fouettez bien. Laissez la pâte reposer 1 h.

3. Faites chauffer une poêle ou une crêpière et faites cuire la première face de vos crêpes 2 min et la seconde 1 min.

4. Lavez et équeutez les fraises. Taillez-les en lamelles. Dans une poêle, faites fondre le beurre puis ajoutez les fraises et le sirop d'érable. Faites cuire 10 min sur feu doux. Servez aussitôt avec les crêpes.

VARIANTES

Vous pouvez utiliser d'autres fruits rouges comme la framboise. Vous pouvez remplacer le sirop d'érable par du miel (en diminuant la quantité). Ajoutez des amandes effilées et une chantilly à la vanille pour encore plus de gourmandise.

CRÊPES À LA CRÈME À LA VANILLE ET AUX FRAISES DES BOIS

Pour 12 crêpes / 25 min de préparation / 30 min de repos / 15 min de cuisson

Ingrédients

12 crêpes sucrées maison (voir p. 14) ou du commerce
250 g de fraises des bois

Pour la crème à la vanille

1 gousse de vanille
25 cl de lait frais entier
1 œuf + 1 jaune
40 g de sucre de canne
25 g de farine
15 cl de crème fraîche liquide entière

1. Préparez la crème. Portez à ébullition le lait avec la gousse de vanille fendue. Laissez infuser pendant 30 min.

2. Dans un saladier, fouettez les œufs avec le sucre. Le mélange doit blanchir. Ajoutez la farine. Versez le lait, mélangez bien et reversez le tout dans la casserole. Faites cuire à feu doux sans cesser de remuer. Dès que l'ébullition est atteinte, ôtez du feu et versez la crème pâtissière dans un bol froid.

3. Montez la crème fraîche en chantilly. Ajoutez-y la crème pâtissière froide et gardez au frais. Placez au centre de chaque crêpe un ruban de crème, enroulez-les et mettez-les dans un plat. Parsemez de fraises des bois et servez aussitôt.

VARIANTES

Vous pouvez bien sûr remplacer les fraises des bois par des fraises, des framboises ou d'autres fruits rouges.

CRÊPES À LA CONFITURE D'ORANGES EXPRESS ET COPEAUX DE CHOCOLAT

Pour 4 crêpes / 15 min de préparation / 15 min de cuisson

Ingrédients

4 crêpes sucrées maison (voir p. 14) ou du commerce
2 oranges
3 cuil. à soupe de sucre en poudre
4 cuil. à soupe d'amandes effilées
50 g de chocolat noir

1. Pressez les oranges. Versez le jus dans une casserole, ajoutez le zeste d'une demi-orange et le sucre. Portez à petits frémissements sur feu moyen et laissez réduire. Une fois le jus sirupeux, ôtez du feu et laissez refroidir.

2. Dans une poêle chaude, faites griller les amandes à sec quelques minutes (attention à bien surveiller pour qu'elles ne brûlent pas). Faites des copeaux de chocolat à l'aide d'un couteau économe.

3. Sur chaque crêpe, étalez un peu de confiture d'oranges et parsemez de copeaux de chocolat et d'amandes grillées.

VARIANTE

Vous pouvez utiliser du jus de mandarine et ajouter des épices (cannelle, quatre-épices, fève tonka...).

CRÊPES GLACÉES

Pour 15 crêpes environ / 30 min de préparation / 1 h de repos / 10 min de cuisson / 30 min de congélation

Ingrédients

Pour la pâte à crêpes

250 g de farine
3 œufs
50 cl de lait
2 cuil. à soupe de sucre en poudre
2 gouttes de vanille liquide
Huile pour la cuisson

Pour la garniture

Différents parfums de glace au choix (vanille, chocolat, sorbets...)
50 cl de coulis de chocolat

Matériel

Tamis de cuisine

1. Tamisez la farine dans un saladier. Cassez les œufs au centre et ajoutez le sucre. Versez le lait petit à petit en remuant. Fouettez jusqu'à ce que la pâte soit bien lisse et sans grumeaux. Ajoutez la vanille. Couvrez le bol d'un torchon et laissez reposer pendant 1 h à température ambiante.

2. Huilez légèrement une poêle et versez-y une louche de pâte lorsqu'elle est bien chaude. Faites cuire la crêpe pendant 2 min en la retournant. Préparez environ 15 crêpes. Réservez-les et laissez-les refroidir.

3. Sortez les glaces choisies du congélateur pour qu'elles ramollissent. Étalez l'équivalent d'une boule de glace sur chaque crêpe en vous aidant d'une spatule ou du dos d'une cuillère. Roulez les crêpes et déposez-les au fur et à mesure sur un plat au congélateur.

4. Laissez toutes les crêpes au congélateur pendant 30 min pour que les glaces durcissent à nouveau. Sortez-les 10 min avant de servir. Faites réchauffer le coulis de chocolat et nappez-en généreusement les crêpes glacées juste avant de les déguster.

CRÊPES FARCIES À LA CRÈME DE SEMOULE

Pour 6 crêpes / 20 min de préparation / 2 h de refrigération / 20 min de cuisson

Ingrédients

6 crêpes sucrées (voir p. 14) assez grandes et épaisses

Pour la garniture

Sucre glace

6 longs zestes de citron

Pour la crème de semoule

1 litre de lait

1 tasse de semoule de blé fine (150 g)

3 cuil. à soupe d'eau de fleur d'oranger

100 g de sucre cristallisé

Huile pour friture pour la cuisson

Matériel

Friteuse

1. Versez le lait dans une casserole, ajoutez la semoule. Amenez à ébullition à feu doux en tournant constamment.

2. Ajoutez l'eau de fleur d'oranger et le sucre. Mélangez. Versez dans un grand plat carré ou rectangulaire et laissez refroidir 2 h au réfrigérateur. Lorsque la crème s'est solidifiée, découpez-la en carrés ou en losanges.

3. Étalez une grande crêpe, garnissez-la d'un morceau de crème et ramenez-en les bords que vous liez avec un long zeste de citron comme indiqué sur la photo.

4. Faites chauffer l'huile dans une friteuse, plongez-y les crêpes une par une, et faites-les frire 1 à 2 min. Retirez-les avec une écumoire et posez-les sur une assiette garnie de papier absorbant. Saupoudrez de sucre glace et servez aussitôt.

CRÊPES À LA CRÈME DE CHICORÉE

Pour 2 crêpes / 15 min de préparation / 10 min de cuisson

Ingrédients

2 crêpes sucrées maison (voir p. 14) ou du commerce
30 g de sucre en poudre
2 jaunes d'œufs
2 cuil. à soupe rase de Maïzena®
30 cl de lait entier
2 cuil. à café de chicorée liquide

1. Dans un saladier, fouettez énergiquement le sucre et les jaunes d'œufs jusqu'à ce que le mélange blanchisse. Ajoutez la Maïzena® et réservez.

2. Dans une casserole, portez le lait à ébullition avec la chicorée. Versez petit à petit sur le mélange œufs-sucre tout en fouettant. Transvasez cette crème dans la casserole et remettez sur feu doux. Fouettez jusqu'à épaississement. Laissez tiédir.

3. Badigeonnez les crêpes de crème et roulez-les avant de servir.

VARIANTE

Vous pouvez aussi aromatiser votre crème pâtissière au citron, à la fleur d'oranger, etc.

CRÊPES AU BEURRE DE NOUGAT

Pour 6 crêpes environ / 30 min de préparation / 2 h de repos / 4 min de cuisson par crêpe + 5 min de cuisson pour le beurre

Ingrédients

Pour les crêpes

3 œufs
250 g de farine type T45 (dite de froment)
50 cl de lait
2 cuil. à soupe de sucre en poudre
2 cuil. à soupe de beurre fondu

Pour le beurre de nougat

50 g de beurre demi-sel à température ambiante
25 g de nougat
1 cuil. à soupe de lait

Matériel

Film alimentaire

1. Préparez le beurre de nougat : dans un saladier, travaillez le beurre à la fourchette jusqu'à ce qu'il prenne la consistance d'une pommade.

2. Dans une casserole, faites fondre le lait et le nougat. Laissez refroidir.

3. Incorporez cette préparation au beurre demi- sel et mélangez jusqu'à l'obtention d'une texture homogène.

4. Placez le beurre de nougat sur du film alimentaire et façonnez- le en rouleau en prenant soin de fermer les deux extrémités. Placez au frais 1 h à 1 h 30 (ou 15 min au congélateur).

5. Pendant ce temps, faites les crêpes : dans un saladier, fouettez les œufs, ajoutez la farine, mélangez et délayez doucement avec le lait. Ajoutez ensuite le sucre et le beurre fondu. Fouettez et laissez reposer 1 h au frais.

6. Faites chauffer une crêpière ou une poêle à crêpes et faites cuire vos crêpes 2 min sur chaque face.

7. Disposez dans chaque crêpe une noix de beurre de nougat et dégustez aussitôt.

CRÊPES CHOCOLAT-PISTACHE

Pour 2 crêpes / 10 min de préparation / 5 min de cuisson

Ingrédients
2 crêpes sucrées maison (voir p. 14) ou du commerce
50 g de chocolat noir
4 cuil. à soupe de crème liquide
½ cuil. à café de pâte de pistache
1 cuil. à soupe de pistaches entières non salées

Matériel
Mortier

1. Faites fondre le chocolat avec la crème au bain-marie. Fouettez pour bien lisser le chocolat et ajoutez la pâte de pistache. Concassez grossièrement les pistaches à l'aide d'un mortier.

2. Sur les crêpes, étalez le chocolat et parsemez de pistaches concassées. Roulez-les et servez aussitôt.

CONSEIL

Vous trouverez la pâte de pistache en magasins spécialisés ou sur Internet.

GAUFRES AUX FRUITS ROUGES ET AU SIROP D'ÉRABLE

Pour 6 gaufres / 10 min de préparation / 5 min de cuisson

Ingrédients

6 gaufres sucrées maison (voir p. 28) ou du commerce
300 g de fruits rouges mélangés (fraises, framboises, myrtilles et mûres)
50 g d'amandes effilées
20 cl de sirop d'érable

1. Nettoyez et équeutez les fruits. Coupez les fraises en morceaux et mélangez tous les fruits.

2. Dans une poêle, faites griller les amandes à sec. Dès qu'elles commencent à colorer, ôtez-les du feu.

3. Répartissez les fruits sur les gaufres. Arrosez de 2 cuillerées à soupe de sirop d'érable et saupoudrez d'amandes effilées.

GAUFRES À LA CRÈME DE MARRON, CHANTILLY ET PRALIN

Pour 8 gaufres / 20 min de préparation / 14 min de cuisson

Ingrédients

Pour les gaufres

250 g de farine de châtaigne
1 sachet de levure
30 g de sucre blond de canne
1 bonne pincée de sel
2 œufs
50 g de purée de noisettes
40 cl de lait de noisettes

Pour la garniture

1 pot de crème de marron

Pour la chantilly

50 cl de crème liquide
40 g de sucre glace
1 cuil. à soupe de pralin

Matériel

Batteur électrique
Gaufrier
Pinceau de cuisine

1. Préparez la chantilly. La crème doit sortir du réfrigérateur, ainsi que le saladier. Battez la crème à l'aide d'un batteur électrique pendant environ 30 s. Ajoutez le sucre glace. Battez jusqu'à l'obtention de la chantilly. Incorporez délicatement le pralin. Réservez au réfrigérateur.

2. Dans un récipient, mélangez la farine de châtaigne, le sachet de levure, le sucre blond de canne et la pincée de sel. Incorporez les œufs, la purée de noisettes et le lait de noisettes au batteur électrique jusqu'à l'obtention d'une pâte bien lisse.

3. Mettez le gaufrier à chauffer. À l'aide d'un pinceau, huilez les plaques. Placez-y 1 cuil. à soupe de pâte et refermez-le. Laissez cuire pendant environ 3 min jusqu'à ce que les gaufres soient bien dorées.

4. Nappez de crème de marron ou de chantilly (ou les deux pour les gourmands !).

GAUFRES À LA FARINE DE MAÏS, FRUITS SECS ET COMPOTE DE GRIOTTES

Pour 8 gaufres / 30 min de préparation / 13 min de cuisson des gaufres + 30 min de cuisson de la compote de griottes

Ingrédients

Pour les gaufres

50 g de beurre
250 g de farine de maïs
1 sachet de levure
50 g de rapadura
1 bonne pincée de sel
2 œufs
40 cl de lait d'amande

Pour la garniture

100 g de noix de cajou
100 g d'amandes
100 g de chips de pomme séchée
100 g de raisins secs

Pour la compote de griottes

1 kg de griottes
20 g de beurre
100 g de sucre
3 étoiles de badiane (anis étoilé)

Matériel

Pinceau de cuisine
Batteur électrique
Gaufrier

1. Préparez la compote de griottes. Lavez et dénoyautez les fruits. Dans une casserole, faites fondre le beurre, puis ajoutez les griottes, le sucre et les étoiles de badiane. Laissez cuire à feu doux pendant 30 min en remuant régulièrement. Retirez les étoiles de badiane. Réservez.

2. Faites fondre le beurre au bain-marie ou au four à micro-ondes. Dans un récipient, mélangez la farine de maïs, le sachet de levure, le rapadura et la pincée de sel. Incorporez les œufs, le beurre fondu et le lait d'amande au batteur électrique jusqu'à l'obtention d'une pâte bien lisse. Ajoutez les noix de cajou, les amandes, les chips de pomme séchée et les raisins secs.

3. Mettez le gaufrier à chauffer. À l'aide d'un pinceau, huilez les plaques. Placez-y 1 cuil. à soupe de pâte et refermez-le. Laissez cuire pendant environ 3 min jusqu'à ce que les gaufres soient bien dorées.

4. Servez ces gaufres avec la compote de griottes.

GAUFRES À LA FARINE DE SARRASIN, AUX POMMES À LA CANNELLE ET À L'ANIS

Pour 8 gaufres / 25 min de préparation / 13 min de cuisson + 4 min 30 de cuisson des pommes

Ingrédients

Pour les gaufres

50 g de beurre salé
250 g de farine de sarrasin
1 sachet de levure
1 bonne pincée de sel
2 œufs
30 g de miel liquide toutes fleurs
40 cl de lait

Pour la garniture

4 pommes Elstar
25 g de beurre salé
½ cuil. à café de cannelle
½ cuil. à café d'anis

Matériel

Batteur électrique
Gaufrier
Pinceau de cuisine

1. Préparez les pommes. Retirez le cœur et les pépins, puis coupez les pommes en tranches fines. Dans une poêle, faites-les revenir dans le beurre salé avec la cannelle et l'anis, 2 min de chaque côté à feu moyen.

2. Faites fondre le reste de beurre au bain-marie ou au four à micro-ondes. Dans un récipient, mélangez la farine de sarrasin, le sachet de levure et la pincée de sel. Incorporez les œufs, le miel, le beurre salé fondu et le lait au batteur électrique jusqu'à l'obtention d'une pâte bien lisse.

3. Mettez le gaufrier à chauffer. À l'aide d'un pinceau, huilez les plaques. Placez-y 1 cuil. à soupe de pâte et refermez-le. Laissez cuire pendant environ 3 min jusqu'à ce que les gaufres soient bien dorées.

4. Réchauffez les pommes pendant 30 s, puis répartissez-les sur les gaufres juste avant de déguster.

GAUFRES AU THÉ MATCHA ET CONFITURE DE MÛRES

Pour 8 gaufres / 10 min de préparation / 13 min de cuisson

Ingrédients

Pour les gaufres

50 g de beurre
250 g de farine
1 sachet de levure
30 g de sucre
1 pincée de sel
2 œufs
40 cl de lait
2 cuil. à soupe (25 g) de thé matcha

Pour la garniture

1 pot de confiture de mûres

Matériel

Batteur électrique
Gaufrier
Pinceau de cuisine

1. Faites fondre le beurre au bain-marie ou au four à micro-ondes. Dans un récipient, mélangez la farine, le sachet de levure, le sucre et la pincée de sel. Incorporez les œufs, le beurre fondu et le lait au batteur électrique jusqu'à l'obtention d'une pâte bien lisse. Ajoutez le thé matcha et mélangez bien.

2. Mettez le gaufrier à chauffer. À l'aide d'un pinceau, huilez les plaques. Placez-y 1 cuil. à soupe de pâte et refermez-le. Laissez cuire pendant environ 3 min jusqu'à ce que les gaufres soient bien dorées.

3. Au moment de servir, recouvrez chaque gaufre de confiture de mûres.

CONSEIL

Si vous souhaitez varier la garniture, sachez que le thé matcha se marie très bien avec tous les fruits rouges, en compote ou en confiture.

GAUFRES AUX PISTACHES ET FRUITS CONFITS, CRÈME ANGLAISE

Pour 8 gaufres / 20 min de préparation / 13 min de cuisson des gaufres + 5 min de cuisson de la crème anglaise

Ingrédients

Pour les gaufres

50 g de beurre
250 g de farine
1 sachet de levure
30 g de sucre
1 bonne pincée de sel
2 œufs
40 cl de lait

Pour la garniture

100 g d'éclats de pistaches
300 g de mélange de fruits confits

Pour la crème anglaise

50 cl de lait
1 gousse de vanille
4 jaunes d'œufs
60 g de sucre

Matériel

Batteur électrique
Gaufrier
Pinceau de cuisine

1. Préparez la crème anglaise : versez le lait dans une casserole. Fendez la gousse de vanille en deux dans le sens de la longueur. À l'aide de la pointe d'un couteau, récupérez les graines et ajoutez-les au lait.

2. Dans un récipient, fouettez les jaunes d'œufs avec le sucre jusqu'à ce que le mélange blanchisse.

3. Faites bouillir le lait. Versez-le sur le mélange œufs-sucre. Mettez la préparation dans une casserole, faites chauffer à feu moyen en mélangeant sans arrêt jusqu'à ce que la crème nappe la cuillère. Laissez refroidir la crème, puis réservez-la au réfrigérateur.

4. Faites fondre le beurre au bain-marie ou au four à micro-ondes. Dans un récipient, mélangez la farine, le sachet de levure, le sucre et la pincée de sel. Incorporez les œufs, le beurre fondu et le lait au batteur électrique jusqu'à l'obtention d'une pâte bien lisse. Ajoutez les éclats de pistaches et les fruits confits.

5. Mettez le gaufrier à chauffer. À l'aide d'un pinceau, huilez les plaques. Placez-y 1 cuil. à soupe de pâte et refermez-le. Laissez cuire pendant environ 3 min jusqu'à ce que les gaufres soient bien dorées.

6. Servez les gaufres garnies de fruits confits et de pistaches, et nappées de crème anglaise.

GAUFRES AUX POIRES POCHÉES, SAUCE CHOCOLAT AU THÉ ET AMANDES

Pour 6 gaufres / 20 min de préparation / 30 min de cuisson

Ingrédients

6 gaufres sucrées maison (voir p. 28) ou du commerce

Pour la garniture

6 poires Comice ou Williams
250 g de sucre
50 g d'amandes effilées

Pour la sauce au chocolat

10 cl de lait frais entier
10 cl de crème fraîche
1 sachet de thé Earl Grey
125 g de chocolat noir corsé

1. Épluchez les poires, mettez-les dans une casserole avec le sucre. Couvrez d'eau et portez à ébullition. Maintenez ensuite l'eau à frémissement pendant 15 à 20 min. Les poires sont cuites lorsque la pointe d'un couteau s'y enfonce sans résistance.

2. Dans une casserole, portez à ébullition le lait et la crème. Faites-y infuser le thé pendant 5 min, puis retirez le sachet et ajoutez le chocolat. À l'aide d'une spatule en bois, mélangez pour obtenir une sauce homogène. Dans une poêle, faites griller les amandes à sec. Dès qu'elles commencent à colorer, ôtez-les du feu.

3. Coupez les poires en quartiers, retirez le cœur, puis coupez-les en fines tranches. Disposez-les en rosace sur les gaufres, arrosez d'un peu de sauce au chocolat et saupoudrez d'amandes avant de servir.

GAUFRES AU PAMPLEMOUSSE, FLEUR D'ORANGER ET SIROP D'ÉRABLE

Pour 8 gaufres / 25 min de préparation / 13 min de cuisson

Ingrédients

Pour les gaufres

2 pamplemousses
2 oranges (pour leur zeste)
50 g de beurre
250 g de farine
1 sachet de levure
30 g de sucre
1 bonne pincée de sel
2 œufs
35 cl de lait
2 cuil. à soupe d'eau de fleur d'oranger

Pour la garniture

8 cuil. à soupe de sirop d'érable

Matériel

Batteur électrique
Gaufrier
Pinceau de cuisine

1. Préparez les agrumes : épluchez les pamplemousses, retirez la peau et ne gardez que la pulpe. Réservez dans un chinois, de façon à ce que le jus s'écoule à travers. Récupérez le jus, que vous pouvez boire.

2. Râpez le zeste des oranges dans un bol. Réservez.

3. Faites fondre le beurre au bain-marie ou au four à micro-ondes. Dans un récipient, mélangez la farine, le sachet de levure, le sucre et la pincée de sel. Incorporez les œufs, le beurre fondu et le lait au batteur électrique jusqu'à l'obtention d'une pâte bien lisse. Ajoutez l'eau de fleur d'oranger, puis les zestes d'orange râpés. Incorporez la pulpe de pamplemousse en dernier.

4. Mettez le gaufrier à chauffer. À l'aide d'un pinceau, huilez les plaques. Placez-y 1 cuil. à soupe de pâte et refermez-le. Laissez cuire pendant environ 3 min jusqu'à ce que les gaufres soient bien dorées.

5. Au moment de servir, nappez les gaufres avec le sirop d'érable.

GAUFRES AU CHOCOLAT, CHANTILLY ET COMPOTE DE POIRES À LA VANILLE

Pour 8 gaufres / 40 min de préparation / 13 min de cuisson des gaufres + 25 min de cuisson de la compote de poires et du chocolat

Ingrédients

Pour les gaufres

50 g de beurre
250 g de farine
1 sachet de levure
30 g de sucre
1 bonne pincée de sel
2 œufs
40 cl de lait
150 g de chocolat noir pâtissier

Pour la chantilly

50 cl de crème liquide
40 g de sucre glace

Pour la compote de poires

1 kg de poires bien mûres
40 g de sucre en poudre
1 gousse de vanille

Matériel

Batteur électrique
Gaufrier
Pinceau de cuisine

1. Préparez la chantilly. La crème doit être bien froide, ainsi que le saladier. Battez la crème au batteur électrique pendant 30 s. Ajoutez le sucre glace, puis montez en chantilly. Réservez au réfrigérateur.

2. Préparez la compote. Épluchez les poires et coupez-les en huit. Mettez-les dans une casserole avec le sucre, 25 ml d'eau et les graines récupérées de la gousse de vanille. Couvrez, laissez cuire 20 min à feu doux en remuant régulièrement, 10 min à couvert, puis 10 min à découvert.

3. Faites fondre le beurre au bain-marie ou au four à micro-ondes. Dans un récipient, mélangez la farine, le sachet de levure, le sucre et la pincée de sel. Incorporez les œufs, le beurre fondu et le lait au batteur électrique jusqu'à l'obtention d'une pâte lisse.

4. Faites fondre le chocolat au bain-marie ou au four à micro-ondes. Incorporez-le à la préparation.

5. Mettez le gaufrier à chauffer. À l'aide d'un pinceau, huilez les plaques. Placez-y 1 cuil. à soupe de pâte et refermez-le. Laissez cuire pendant environ 3 min jusqu'à ce que les gaufres soient bien dorées.

6. Servez les gaufres avec de la compote de poires et la chantilly.

GAUFRES À LA FRAISE ET AU POIVRE

Pour 8 gaufres / 15 min de préparation / 13 min de cuisson

Ingrédients

Pour les gaufres

500 g de fraises
50 g de beurre
250 g de farine
1 sachet de levure
30 g de sucre
1 bonne pincée de sel
2 œufs
40 cl de lait
1 cuil. à café de poivre (facultatif)

Pour la décoration

Quelques fraises
Sucre glace

Matériel

Batteur électrique
Gaufrier
Pinceau de cuisine

1. Lavez les fraises et coupez-les en quatre. Réservez-en quelques-unes pour la décoration.

2. Faites fondre le beurre au bain-marie ou au four à micro-ondes. Dans un récipient, mélangez la farine, le sachet de levure, le sucre et la pincée de sel. Incorporez les œufs, le beurre fondu et le lait au batteur électrique jusqu'à l'obtention d'une pâte bien lisse. Ajoutez les fraises et le poivre (facultatif).

3. Mettez le gaufrier à chauffer. À l'aide d'un pinceau, huilez les plaques. Placez-y 1 cuil. à soupe de pâte et refermez-le. Laissez cuire pendant environ 3 min jusqu'à ce que les gaufres soient bien dorées.

4. Saupoudrez les gaufres de sucre glace et décorez-les avec les fraises réservées.

VARIANTES

Vous pouvez réaliser ces gaufres avec d'autres fruits frais : pommes, poires, framboises, selon votre goût et la saison.

GAUFRES À LA VANILLE, GINGEMBRE, CANNELLE ET MERINGUE ITALIENNE

Pour 8 gaufres / 20 min de préparation / 13 min de cuisson des gaufres + 4 min de cuisson de la meringue

Ingrédients

Pour les gaufres

50 g de beurre
250 g de farine
1 sachet de levure
30 g de sucre
1 bonne pincée de sel
2 œufs
40 cl de lait
1 gousse de vanille
1 cuil. à café de cannelle en poudre
½ cuil. à café de gingembre en poudre

Pour la meringue italienne

3 blancs d'œufs
1 pincée de sel
300 g de sucre

Matériel

Thermomètre de cuisson
Batteur électrique
Gaufrier
Pinceau de cuisine

1. Préparez la meringue. Mettez les blancs d'œufs dans un saladier avec la pincée de sel. Montez-les en neige jusqu'à ce qu'ils soient bien mousseux. Dans une casserole, faites chauffer à feu vif le sucre et 7 cuil. à soupe d'eau : la température doit atteindre 120 °C (utilisez un thermomètre de cuisson). Versez le sirop en filet sur les blancs en continuant à battre, puis réservez au frais.

2. Faites fondre le beurre au bain-marie ou au four à micro-ondes. Dans un récipient, mélangez la farine, le sachet de levure, le sucre et la pincée de sel. Incorporez les œufs, le beurre fondu et le lait au batteur électrique jusqu'à l'obtention d'une pâte bien lisse. Ajoutez ensuite à la préparation les graines de la gousse de vanille, la cannelle et le gingembre.

3. Mettez le gaufrier à chauffer. À l'aide d'un pinceau, huilez les plaques. Placez-y 1 cuil. à soupe de pâte et refermez-le. Laissez cuire pendant environ 3 min jusqu'à ce que les gaufres soient bien dorées.

4. Placez le four en position gril. Nappez les gaufres de meringue italienne, puis passez-les 1 min au gril pour dorer légèrement la meringue. Servez immédiatement.

GAUFRES AUX POMMES SAFRANÉES

Pour 8 gaufres / 15 min de préparation / 13 min de cuisson + 5 min de cuisson des pommes

Ingrédients

Pour les gaufres

60 g de beurre
250 g de farine
1 sachet de levure
30 g de sucre
1 bonne pincée de sel
2 œufs
40 cl lait

Pour la garniture

2 pommes golden
1 g de safran
Sucre glace (facultatif)

Matériel

Batteur électrique
Gaufrier
Pinceau de cuisine

1. Préparez les pommes : épluchez-les et coupez-les en petits morceaux. Dans une poêle, faites fondre 10 g de beurre, ajoutez le safran, puis les pommes. Laissez revenir pendant 5 min à feu doux en mélangeant régulièrement.

2. Faites fondre le reste du beurre au bain-marie ou au four à micro-ondes. Dans un récipient, mélangez la farine, le sachet de levure, le sucre et la pincée de sel. Incorporez les œufs, le beurre fondu et le lait au batteur électrique jusqu'à l'obtention d'une pâte bien lisse.

3. Incorporez les pommes parfumées au safran à la préparation.

4. Mettez le gaufrier à chauffer. À l'aide d'un pinceau, huilez les plaques. Placez-y 1 cuil. à soupe de pâte et refermez-le. Laissez cuire pendant environ 3 min jusqu'à ce que les gaufres soient bien dorées.

5. Saupoudrez les gaufres de sucre glace avant de servir.

GAUFRES AUX FRUITS ROUGES, RÉGLISSE ET NOIX DE PÉCAN

Pour 8 gaufres / 20 min de préparation / 13 min de cuisson

Ingrédients

Pour les gaufres

100 g de cassis
100 g de groseilles
100 g de mûres
50 g de beurre
250 g de farine
1 sachet de levure
30 g de sucre
1 bonne pincée de sel
2 œufs
40 cl de lait
2 cuil. à soupe de réglisse en poudre

Pour la garniture

50 g de cerneaux de noix de pécan

Matériel

Batteur électrique
Gaufrier
Pinceau de cuisine

1. Lavez les cassis, les groseilles et les mûres. Réservez-les.

2. Mixez les cerneaux de noix de pécan. Réservez-les.

3. Faites fondre le beurre au bain-marie ou au four à micro-ondes. Dans un récipient, mélangez la farine, le sachet de levure, le sucre et la pincée de sel. Incorporez les œufs, le beurre fondu et le lait au batteur électrique jusqu'à l'obtention d'une pâte bien lisse.

4. Ajoutez la réglisse en poudre et les fruits rouges à la préparation, mélangez délicatement.

5. Mettez le gaufrier à chauffer. À l'aide d'un pinceau, huilez les plaques. Placez-y 1 cuil. à soupe de pâte et refermez-le. Laissez cuire pendant environ 3 min jusqu'à ce que les gaufres soient bien dorées.

6. Au moment de servir, saupoudrez les gaufres de poudre de noix de pécan.

GAUFRES AUX NOISETTES, AMANDES ET COULIS D'ABRICOTS

Pour 8 gaufres / 30 min de préparation / 13 min de cuisson / 10 min de cuisson du coulis d'abricots

Ingrédients

Pour les gaufres

50 g de beurre
250 g de farine
1 sachet de levure
30 g de sucre
1 bonne pincée de sel
2 œufs
40 cl de lait
200 g de noisettes décortiquées
125 g d'amandes effilées

Pour le coulis d'abricots

1 kg d'abricots
100 g de sucre
20 cl de jus de citron

Matériel

Batteur électrique
Gaufrier
Pinceau de cuisine

1. Préparez d'abord le coulis d'abricots. Plongez les fruits pendant 1 min dans une casserole d'eau bouillante. Retirez la peau pour ne conserver que la chair. Dans une casserole, à feu doux, mélangez la chair des abricots avec le sucre, le citron et 10 cl d'eau pendant environ 10 min. Retirez du feu et mixez. Laissez refroidir, puis réservez au réfrigérateur.

2. Faites fondre le beurre au bain-marie ou au four à micro-ondes. Dans un récipient, mélangez la farine, le sachet de levure, le sucre et la pincée de sel. Incorporez les œufs, le beurre fondu et le lait au batteur électrique jusqu'à l'obtention d'une pâte bien lisse. Ajoutez les noisettes et les amandes.

3. Mettez le gaufrier à chauffer. À l'aide d'un pinceau, huilez les plaques. Placez-y 1 cuil. à soupe de pâte et refermez-le. Laissez cuire pendant environ 3 min jusqu'à ce que les gaufres soient bien dorées.

4. Servez les gaufres nappées de leur coulis d'abricots.

GAUFRES AU CAFÉ, AMARETTO ET CRÈME CHANTILLY AU MASCARPONE

Pour 8 gaufres / 25 min de préparation / 13 min de cuisson

Ingrédients

Pour les gaufres

10 g de café soluble
250 g de farine
1 sachet de levure
30 g de sucre
1 bonne pincée de sel
2 œufs
100 g de mascarpone
40 cl de lait

Pour la garniture

8 cuil. à café d'amaretto

Pour la chantilly

500 g de mascarpone
40 g de sucre glace

Matériel

Batteur électrique
Gaufrier
Pinceau de cuisine

1. Préparez d'abord la chantilly au mascarpone. Le mascarpone doit sortir du réfrigérateur, ainsi que le récipient.

2. Battez le mascarpone à l'aide d'un batteur électrique pendant environ 30 s. Ajoutez le sucre glace. Battez bien jusqu'à l'obtention d'une chantilly. Réservez au réfrigérateur.

3. Dans une tasse, versez 40 ml d'eau bouillante sur le café soluble.

4. Dans un récipient, mélangez la farine, le sachet de levure, le sucre et la pincée de sel. Incorporez les œufs, le mascarpone et le lait au batteur électrique jusqu'à l'obtention d'une pâte bien lisse. Ajoutez le café.

5. Mettez le gaufrier à chauffer. À l'aide d'un pinceau, huilez les plaques. Placez-y 1 cuil. à soupe de pâte et refermez-le. Laissez cuire pendant environ 3 min jusqu'à ce que les gaufres soient bien dorées.

6. Au moment de servir, versez 1 cuil. à café d'amaretto sur chaque gaufre et décorez avec la chantilly.

CRÊPES AUX CREVETTES ET GRAINES GERMÉES

Pour 2 crêpes / 15 min de préparation / 5 min de cuisson

Ingrédients

2 crêpes salées maison (voir p. 24) ou du commerce
8 crevettes
2 cuil. à café de jus de citron
1 gousse d'ail
Quelques gouttes de Tabasco®
2 cuil. à café de fromage blanc
5 brins de persil
5 brins de ciboulette
4 feuilles de laitue
2 cuil. à soupe de graines germées

1. Dans une poêle, faites griller les crevettes. Ajoutez le jus de citron, la gousse d'ail épluchée et écrasée, et le Tabasco®. Mélangez le fromage blanc avec le persil et la ciboulette.

2. Tartinez les crêpes de sauce au fromage blanc. Disposez la laitue, les crevettes et les graines germées dessus. Roulez les crêpes serrées et dégustez-les aussitôt.

ACCORDÉONS DE CRÊPES AUX RADIS ROSES

Pour 20 pièces / 15 min de préparation / 15 min de cuisson

Ingrédients
80 g de farine
1 œuf
15 cl de lait
12 petits radis
10 g de beurre
Sel, poivre

Matériel
20 piques à brochettes en bois

1. Versez la farine dans un grand saladier et creusez un puits. Mettez-y l'œuf entier, du sel et du poivre. À l'aide d'un fouet, battez l'œuf avec l'assaisonnement. Versez le lait en filet en incorporant petit à petit la farine au mélange initial. Éliminez l'ensemble des grumeaux.

2. Dans une casserole, faites chauffer le beurre afin de le rendre noisette, c'est-à-dire brun avec une odeur de caramel. Lorsque la pâte est lisse, ajoutez le beurre et mélangez une dernière fois.

3. Rincez les radis à l'eau, puis coupez-les en fines rondelles ; incorporez-les à la pâte.

4. Faites chauffer à feu moyen une poêle à crêpes ou une poêle antiadhésive. Versez-y la pâte avec une louche, étalez-la en inclinant la poêle et faites cuire recto verso. Attention : la crêpe doit rester souple afin d'être pliée.

5. Coupez des bandes d'à peu près 3,5 cm de large. Pliez les bandes en accordéon et piquez-les avec les brochettes en bois. Dépliez les accordéons sur les brochettes.

CONSEIL

Le beurre est noisette lorsqu'il ne grésille plus dans la casserole. Attention, le stade suivant, c'est le beurre noir toxique.

GAUFRES PARMENTIÈRES AU SAUMON

Pour 6 gaufres / 10 min de préparation / 15 min de cuisson environ

Ingrédients

Pour les gaufres

800 g de pommes de terre bintje
20 cl de crème fraîche épaisse
2 œufs
½ botte d'aneth
Huile pour la cuisson

Pour la sauce

½ botte d'aneth
2 yaourts à la grecque
1 cuil. à café de raifort râpé
Sel, poivre

Pour la garniture

6 tranches de saumon fumé

Matériel

Gaufrier
Pinceau de cuisine

1. Épluchez les pommes de terre, puis râpez-les. Pressez-les pour retirer l'excédent d'eau et mettez-les dans un saladier. Salez, poivrez et ajoutez la crème fraîche et les œufs.

2. Hachez l'aneth et ajoutez-en la moitié aux pommes de terre. Dans un bol, mélangez le reste d'aneth aux yaourts et au raifort. Vérifiez l'assaisonnement, salez et poivrez si nécessaire.

3. Mettez le gaufrier à chauffer. À l'aide d'un pinceau, huilez les plaques. Placez-y 1 cuil. à soupe de pâte et refermez-le. Laissez cuire pendant environ 3 min jusqu'à ce que les gaufres soient bien dorées. Servez les gaufres accompagnées de la sauce et du saumon fumé.

GAUFRES AUX ŒUFS DE LUMP, ANETH ET CITRON

Pour 8 gaufres / 15 min de préparation / 13 min de cuisson

Ingrédients

30 g d'aneth frais
50 g de beurre
250 g de farine
1 sachet de levure
1 bonne pincée de sel
2 œufs
40 cl de lait
150 g d'œufs de lump
2 citrons (pour leur jus)

Matériel

Batteur électrique
Gaufrier
Pinceau de cuisine

1. Lavez et ciselez l'aneth, réservez-le.

2. Faites fondre le beurre au bain-marie ou au four à micro-ondes. Dans un récipient, mélangez la farine, le sachet de levure et la pincée de sel. Incorporez les œufs, le beurre fondu et le lait au batteur électrique jusqu'à l'obtention d'une pâte bien lisse. Ajoutez à la préparation l'aneth ciselé et les œufs de lump.

3. Mettez le gaufrier à chauffer. À l'aide d'un pinceau, huilez les plaques. Placez-y 1 cuil. à soupe de pâte et refermez-le. Laissez cuire pendant environ 3 min jusqu'à ce que les gaufres soient bien dorées.

4. Dégustez avec un filet de jus de citron et une salade d'endives.

GAUFRES AUX HERBES, COULOMMIERS AU PIMENT DE CAYENNE ET GRAINES DE PAVOT

Pour 8 gaufres / 25 min de préparation / 13 min de cuisson des gaufres + 5 min de cuisson du coulommiers

Ingrédients

Pour les gaufres

30 g de persil
30 g de coriandre
30 g de ciboulette
50 g de beurre
250 g de farine
1 sachet de levure
1 bonne pincée de sel
2 œufs
40 cl de lait

Pour la garniture

1 cuil. à soupe d'huile d'olive
1 cuil. à café de graines de pavot
2 pincées de piment de Cayenne fort
1 coulommiers

Matériel

Batteur électrique
Gaufrier
Pinceau de cuisine

1. Lavez et ciselez les herbes. Réservez-les.

2. Faites fondre le beurre au bain-marie ou au four à micro-ondes. Dans un récipient, mélangez la farine, le sachet de levure et la pincée de sel. Incorporez les œufs, le beurre fondu et le lait au batteur électrique jusqu'à l'obtention d'une pâte bien lisse. Ajoutez la ciboulette, le persil et la coriandre.

3. Mettez le gaufrier à chauffer. À l'aide d'un pinceau, huilez les plaques. Placez-y 1 cuil. à soupe de pâte et refermez-le. Laissez cuire pendant environ 3 min jusqu'à ce que les gaufres soient bien dorées.

4. Dans une petite poêle, faites chauffer à feu moyen l'huile d'olive, les graines de pavot et le piment de Cayenne. Déposez-y ensuite le coulommiers. Laissez cuire 1 min 30, retournez le coulommiers et laissez cuire de nouveau 1 min 30. Retournez-le encore et poursuivez la cuisson 1 à 2 min.

5. Coupez le coulommiers en huit et servez-le avec les gaufres.

CONSEIL

Vous pouvez ajouter un filet de miel et accompagner ces gaufres d'une salade d'endives, sauce à l'échalote.

GAUFRES AU CHÈVRE ET AUX TOMATES CERISE

Pour 6 gaufres / 10 min de préparation / 15 min de cuisson

Ingrédients
6 gaufres salées maison (voir p. 30) ou du commerce
25 cl de vinaigre balsamique
250 g de tomates cerise
2 bûches de chèvre (idéalement du Sainte-Maure)
6 pincées de thym frais
Poivre du moulin

Matériel
Gaufrier

1. Dans une casserole, versez le vinaigre balsamique, portez à ébullition et laissez réduire aux deux tiers. Le vinaigre doit alors être sirupeux.

2. Préchauffez le gril du four. Nettoyez les tomates cerise et coupez-les en deux. Coupez le fromage en tranches. Disposez les gaufres sur une plaque à pâtisserie recouverte de papier sulfurisé. Répartissez dessus les tranches de fromage de chèvre, puis les tomates cerise. Saupoudrez-les de thym. Poivrez et enfournez pour 10 min, jusqu'à ce que le fromage soit fondu et doré.

3. Sortez les gaufres du four. Posez-les sur des assiettes et versez sur chacune 1 ou 2 cuillerées à café de concentré de vinaigre balsamique.

VARIANTES

Vous pouvez remplacer les tomates cerise par des tomates confites et ajouter du basilic haché. Dans les deux cas, servez cette gaufre avec une salade de roquette aux pignons de pin grillés.

GAUFRES AU PESTO, TOMATES SÉCHÉES, PARMESAN ET ROQUETTE

Pour 8 gaufres / 15 min de préparation des gaufres + 10 min de préparation du pesto / 13 min de cuisson

Ingrédients

Pour les gaufres

100 g de tomates séchées
50 g de beurre
250 g de farine
1 sachet de levure
1 bonne pincée de sel
2 œufs
40 cl de lait
60 g de parmesan râpé

Pour le pesto

20 g de pignons de pin
70 g de basilic
½ gousse d'ail
13 cl d'huile d'olive
60 g de parmesan râpé
Sel, poivre

Matériel

Batteur électrique
Gaufrier
Pinceau de cuisine

1. Préparez le pesto : faites légèrement griller à sec les pignons de pin. Mixez-les avec le basilic, l'ail, l'huile d'olive et le parmesan. Salez et poivrez.

2. Coupez les tomates séchées en petits morceaux. Réservez-les.

3. Faites fondre le beurre au bain-marie ou au four à micro-ondes. Dans un récipient, mélangez la farine, le sachet de levure et la pincée de sel. Incorporez les œufs, le beurre fondu et le lait au batteur électrique jusqu'à l'obtention d'une pâte bien lisse. Ajoutez le pesto, les tomates séchées et le reste de parmesan.

4. Mettez le gaufrier à chauffer. À l'aide d'un pinceau, huilez les plaques. Placez-y 1 cuil. à soupe de pâte et refermez-le. Laissez cuire pendant environ 3 min jusqu'à ce que les gaufres soient bien dorées.

CONSEILS

Servez avec des tranches de jambon sec et une salade de roquette.
Si vous manquez de temps, vous pouvez remplacer le pesto maison par 120 g de pesto du commerce.

GAUFRES AU FROMAGE ET AUX DÉS D'ÉPAULE

Pour 8 gaufres / 10 min de préparation / 13 min de cuisson

Ingrédients
50 g de beurre
250 g de farine
1 sachet de levure
1 bonne pincée de sel
2 œufs
40 cl de lait
125 g de dés d'épaule
200 g de gruyère râpé

Matériel
Batteur électrique
Gaufrier
Pinceau de cuisine

1. Faites fondre le beurre au bain-marie ou au four à micro-ondes. Dans un récipient, mélangez la farine, le sachet de levure et la pincée de sel. Incorporez les œufs, le beurre fondu et le lait au batteur électrique jusqu'à l'obtention d'une pâte bien lisse. Intégrez les dés d'épaule et le gruyère râpé.

2. Mettez le gaufrier à chauffer. À l'aide d'un pinceau, huilez les plaques. Placez-y 1 cuil. à soupe de pâte et refermez-le. Laissez cuire pendant environ 3 min jusqu'à ce que les gaufres soient bien dorées.

CONSEILS

Vous pouvez remplacer le gruyère par du reblochon, du bleu, du chèvre ou du camembert, selon votre goût. Dégustez ces gaufres avec une salade de tomates, persil et vinaigrette aux échalotes.

GAUFRES AUX CAROTTES, PANAIS, OIGNONS ROUGES ET MIEL, BASILIC

Pour 8 gaufres / 25 min de préparation / 13 min de cuisson des gaufres + 10 min de cuisson des légumes

Ingrédients

30 g de basilic
200 g de carottes
200 g de panais
1 pincée de gros sel
½ oignon rouge
1 cuil. à soupe d'huile d'olive
½ citron
2 cuil. à soupe de miel liquide toutes fleurs
50 g de beurre
250 g de farine
1 sachet de levure
1 bonne pincée de sel
2 œufs
40 cl de lait

Matériel

Batteur électrique
Gaufrier
Pinceau de cuisine

1. Lavez et ciselez le basilic. Réservez-le.

2. Préparez les légumes : épluchez les carottes et les panais, coupez-les en petits dés. Faites bouillir de l'eau dans une casserole avec du gros sel. Plongez-y les carottes et les panais et laissez cuire 5 min. Égouttez et réservez.

3. Épluchez l'oignon, émincez-le et faites-le revenir à la poêle avec l'huile d'olive pendant 2 min à feu moyen. Ajoutez les dés de carottes et de panais, le citron, le miel, laissez cuire 5 min à feu doux.

4. Faites fondre le beurre au bain-marie ou au four à micro-ondes. Dans un récipient, mélangez la farine, le sachet de levure et la pincée de sel. Incorporez les œufs, le beurre fondu et le lait au batteur électrique jusqu'à l'obtention d'une pâte bien lisse. Intégrez les légumes à la préparation.

5. Mettez le gaufrier à chauffer. À l'aide d'un pinceau, huilez les plaques. Placez-y 1 cuil. à soupe de pâte et refermez-le. Laissez cuire pendant environ 3 min jusqu'à ce que les gaufres soient bien dorées.

6. Au moment de servir, parsemez les gaufres de basilic ciselé.

GAUFRES AU PAVOT BLEU, GRAINES DE SÉSAME COMPLET, MOUTARDE ET TOMATES

Pour 8 gaufres / 20 de préparation / 13 min de cuisson des gaufres + 5 min de cuisson des tomates

Ingrédients

Pour les gaufres

50 g de beurre
250 g de farine
1 sachet de levure
1 bonne pincée de sel
2 œufs
40 cl de lait
60 g de sésame complet grillé
60 g de pavot bleu
80 g de moutarde

Pour la garniture

8 tomates
1 cuil. à soupe d'huile d'olive
1 noisette de moutarde
1 cuil. à soupe de sauce soja
20 g de gruyère râpé

Matériel

Batteur électrique
Gaufrier
Pinceau de cuisine

1. Plongez les tomates dans l'eau bouillante. Pelez-les. Coupez-les en quatre. Épépinez-les et coupez-les en petits morceaux. Poêlez-les pendant 4 min avec l'huile d'olive et la moutarde à feu doux. Ajoutez la sauce soja. Réservez au chaud.

2. Faites fondre le beurre au bain-marie ou au four à micro-ondes. Dans un récipient, mélangez la farine, le sachet de levure et la pincée de sel. Incorporez les œufs, le beurre fondu et le lait au batteur électrique jusqu'à l'obtention d'une pâte bien lisse. Ajoutez le sésame, le pavot et la moutarde.

3. Mettez le gaufrier à chauffer. À l'aide d'un pinceau, huilez les plaques. Placez-y 1 cuil. à soupe de pâte et refermez-le. Laissez cuire pendant environ 3 min jusqu'à ce que les gaufres soient bien dorées.

4. Parsemez les gaufres de gruyère râpé et servez-les accompagnées des tomates poêlées.

GAUFRES AUX ÉPICES, CONCOMBRE ET YAOURT

Pour 8 gaufres / 20 min de préparation / 13 min de cuisson

Ingrédients

Pour les gaufres

50 g de beurre
250 g de farine
1 sachet de levure
1 bonne pincée de sel
2 œufs
40 cl de lait
1 cuil. à café rase de paprika
1 cuil. à café rase de cumin
1 cuil. à café rase de curcuma

Pour la sauce

1 concombre
2 yaourts
1 bonne pincée de poivre
1 bonne pincée de sel

Matériel

Batteur électrique
Gaufrier
Pinceau de cuisine

1. Préparez le concombre : épluchez-le et retirez le cœur. Coupez-le en quatre, puis émincez-le. Ajoutez les yaourts, le poivre et le sel. Réservez au réfrigérateur.

2. Faites fondre le beurre au bain-marie ou au four à micro-ondes. Dans un récipient, mélangez la farine, le sachet de levure et la pincée de sel. Incorporez les œufs, le beurre fondu et le lait au batteur électrique jusqu'à l'obtention d'une pâte bien lisse. Incorporez le paprika, le cumin et le curcuma.

3. Mettez le gaufrier à chauffer. À l'aide d'un pinceau, huilez les plaques. Placez-y 1 cuil. à soupe de pâte et refermez-le. Laissez cuire pendant environ 3 min jusqu'à ce que les gaufres soient bien dorées.

4. Au moment de servir, nappez les gaufres de la préparation au concombre.

VARIANTE

Vous pouvez remplacer le yaourt par du cottage cheese.

GAUFRES AUX NOIX, OLIVES ET THYM

Pour 8 gaufres / 15 min de préparation / 13 min de cuisson

Ingrédients
60 g de cerneaux de noix
120 g d'olives vertes dénoyautées
1 branche de thym
50 g de beurre
250 g de farine
1 sachet de levure
1 bonne pincée de sel
2 œufs
40 cl de lait

Matériel
Batteur électrique
Gaufrier
Pinceau de cuisine

1. Concassez les cerneaux de noix. Coupez les olives en petits morceaux. Réservez-les avec les cerneaux de noix concassés et le thym.

2. Faites fondre le beurre au bain-marie ou au four à micro-ondes. Dans un récipient, mélangez la farine, le sachet de levure et la pincée de sel. Incorporez les œufs, le beurre fondu et le lait au batteur électrique jusqu'à l'obtention d'une pâte bien lisse. Incorporez les cerneaux de noix, les olives et le thym.

3. Mettez le gaufrier à chauffer. À l'aide d'un pinceau, huilez les plaques. Placez-y 1 cuil. à soupe de pâte et refermez-le. Laissez cuire pendant environ 3 min jusqu'à ce que les gaufres soient bien dorées.

CONSEIL

Servez ces gaufres avec une salade frisée.

GAUFRES AUX PETITS POIS, MENTHE ET BACON

Pour 8 gaufres / 25 min de préparation / 13 min de cuisson des gaufres + 10 min de cuisson des petits pois

Ingrédients

Pour les gaufres

40 g de menthe
500 g de petits pois (non écossés)
50 g de beurre
250 g de farine
1 sachet de levure
1 bonne pincée de sel
2 œufs
40 cl de lait

Pour la garniture

8 tranches de bacon

Matériel

Batteur électrique
Gaufrier
Pinceau de cuisine

1. Lavez et ciselez la menthe. Réservez-la.

2. Préparez les petits pois : écossez-les, puis faites-les cuire pendant 10 min dans une casserole d'eau bouillante. Égouttez et réservez.

3. Faites fondre le beurre au bain-marie ou au four à micro-ondes. Dans un récipient, mélangez la farine, le sachet de levure, et le sel. Incorporez les œufs, le beurre fondu et le lait au batteur électrique jusqu'à l'obtention d'une pâte bien lisse. Incorporez les petits pois et la menthe ciselée.

4. Mettez le gaufrier à chauffer. À l'aide d'un pinceau, huilez les plaques. Placez-y 1 cuil. à soupe de pâte et refermez-le. Laissez cuire pendant environ 3 min jusqu'à ce que les gaufres soient bien dorées.

5. Faites revenir les tranches de bacon à la poêle.

6. Déposez une tranche de bacon sur chaque gaufre.

CONSEILS

Agrémentez ces gaufres d'une bonne salade de saison. Pour gagner du temps, vous pouvez utiliser des petits pois et de la menthe surgelés.

5. CRÊPES REVISITÉES

PANIERS DE CRÊPES SOUFFLÉES

Pour 6 personnes / 25 min de préparation / 10 à 15 min de cuisson

Ingrédients
6 crêpes sucrées maison (voir p. 14) ou du commerce
400 g de fruits rouges mélangés (myrtilles, fraises des bois, groseilles)

Pour le coulis
250 g de fraises
50 g de sucre

Pour le soufflé
4 œufs
1 pincée de sel
100 g de sucre cristal
1 cuil. à soupe de jus de citron
2 cuil. à soupe de Cointreau
Les zestes de 2 citrons râpés
2 cuil. à soupe de Maïzena®

Pour les ramequins
100 g de beurre

1. Préparez la pâte à crêpes comme indiqué en p. 14 et faites cuire 6 crêpes. Découpez-les ensuite au format de vos ramequins, bords compris.

2. Lavez et équeutez les 250 g de fraises. Préparez un coulis en les mixant avec 50 g de sucre.

3. Préparez le soufflé : cassez les œufs en séparant les blancs des jaunes. Montez les blancs en neige très ferme après leur avoir ajouté la pincée de sel.

4. Mélangez et fouettez énergiquement les jaunes d'œufs avec le sucre, ajoutez le jus de citron, le Cointreau, les zestes de citron râpés et la Maïzena®.

5. Incorporez délicatement ce mélange aux blancs en neige, en veillant à ne pas faire retomber l'ensemble. Allumez le four à 150 °C (th. 5) et beurrez 6 ramequins.

6. Tapissez l'intérieur de chaque ramequin avec une crêpe en ayant soin de ne pas la déchirer. Roulez le bord de la crêpe s'il déborde.

7. Répartissez l'appareil à soufflé dans chaque « panier », enfournez et laissez cuire de 10 à 15 min. Servez aussitôt, car le soufflé n'attend pas, il risque de retomber.

8. Pour le service, vous pouvez démouler les paniers et les présenter entourés de fruits rouges et de coulis. Si l'opération vous paraît périlleuse, servez-les dans les ramequins, sur une assiette décorée de fruits rouges et de coulis.

GÂTEAU DE CRÊPES, COULIS DE FRAISES

Pour 6 personnes / 25 min de préparation

Ingrédients
1 douzaine de crêpes sucrées maison (voir p. 14) ou du commerce

Pour la crème pâtissière
75 g de sucre en poudre
50 g de farine
1 sachet de sucre vanillé
2 œufs + 1 jaune
50 cl de lait

Pour le coulis
300 g de fraises
150 g de sucre en poudre

Pour la décoration
Fraises
Feuilles de menthe

Matériel
Centrifugeuse

1. Préparez la crème pâtissière : dans une terrine, mélangez le sucre, la farine, le sucre vanillé, les œufs et le jaune. Versez dessus le lait bouillant, doucement et tout en mélangeant.

2. Lorsque tout le lait est absorbé, mettez la crème dans une casserole posée sur feu doux et mélangez jusqu'à ce qu'elle épaississe. Laissez refroidir, en remuant de temps à autre pour éviter qu'une peau ne se forme à la surface de la crème.

3. Préparez le coulis : lavez et équeutez les fraises. Passez-les à la centrifugeuse, puis au tamis. Ajoutez le sucre, mélangez. C'est prêt !

4. Montez le gâteau en alternant les couches de crêpes, de crème et de coulis.

5. Terminez par la crème et le coulis. Décorez avec quelques fraises et des petits bouquets de menthe. Servez ce gâteau très frais, découpé en parts.

CONSEIL

Vous pouvez remplacer la crème pâtissière par de la crème fraîche fouettée avec du sucre glace.

GÂTEAU DE CRÊPES AU NUTELLA®

Pour 6 personnes / 30 min de préparation / 25 min de cuisson

Ingrédients

Pour les crêpes

100 g de farine
40 g de sucre
1 pincée de sel
1 œuf entier + 1 jaune
25 cl de lait
50 g de beurre
De l'huile végétale pour la cuisson

Pour la garniture

20 cl de crème fraîche liquide
25 g de sucre
1 cuil. à café de vanille en poudre
1 pot de Nutella®

Matériel

Batteur électrique
Poche à pâtisserie (facultatif)

1. Dans un saladier, mélangez la farine, le sucre et le sel. Ajoutez les œufs et mélangez. Versez ensuite le lait au fur et à mesure en remuant bien pour éviter les grumeaux. Dans une casserole, faites fondre le beurre et laissez-le chauffer jusqu'à ce qu'il prenne une couleur noisette. Versez-le alors dans la pâte à crêpes.

2. Dans une petite poêle ronde bien huilée, faites cuire les crêpes. Il vous en faudra 7 environ. Dans un saladier, à l'aide du batteur, montez en chantilly la crème fraîche avec le sucre et la vanille.

3. Sur un plat rond, disposez 1 crêpe, étalez un peu de Nutella®, posez dessus 1 crêpe, de la chantilly, 1 crêpe, du Nutella® et terminez par 1 crêpe. Décorez de chantilly la dernière crêpe (idéalement, avec une poche à pâtisserie). Servez aussitôt en découpant des parts.

VARIANTES

Faites varier la garniture de cette terrine en la remplaçant par de la crème pâtissière, de la frangipane en très fine couche, de la compote de pommes, de la confiture, du caramel au beurre salé, etc.

MILLEFEUILLE DE CRÊPES À L'AMANDE

Pour 6 à 8 personnes / 1 h 30 de préparation avec la cuisson des crêpes / 35 à 40 min de cuisson

Ingrédients

Pour les crêpes

500 g de farine
4 œufs
1 l de lait
3 cuil. à soupe de sucre en poudre
1 pincée de sel
Beurre pour la cuisson

Pour la crème d'amande

200 g de crème pâtissière (voir p. 210)
150 g de sucre glace
120 g de beurre mou + pour le moule
200 g de poudre d'amandes
1 œuf
1 cuil. à soupe de Maïzena®

Matériel

Mixeur
Moule rond à bord haut de 20 à 22 cm de diamètre environ

1. Dans le bol du mixeur, assemblez tous les ingrédients de la pâte à crêpes, puis mixez quelques instants jusqu'à obtention d'une pâte fluide et homogène. Beurrez une poêle, puis faites cuire des crêpes jusqu'à épuisement de la pâte. Mettez de côté.

2. Dans un saladier, mélangez la crème pâtissière avec le sucre glace, le beurre mou, la poudre d'amandes, l'œuf et la Maïzena®.

3. Beurrez le moule rond et préchauffez le four à 170 °C (th. 6). Déposez une première crêpe dans le moule. Déposez par-dessus 1 cuil. à soupe de crème d'amande et étalez-la aussi finement que possible. Recouvrez d'une seconde crêpe et d'une seconde cuillerée de crème d'amande. Procédez de la sorte jusqu'à épuisement des ingrédients. Enfournez pour 35 à 40 min de cuisson.

4. Sortez le millefeuille du four et laissez-le refroidir complètement. Démoulez délicatement le millefeuille et découpez-le en parts, comme un gâteau. Servez nature ou avec de la crème anglaise, de la crème Chantilly, etc.

CONSEIL

Parsemez le millefeuille d'amandes effilées avant de l'enfourner.

VARIANTE

Remplacez la poudre d'amandes par des pistaches ou des noisettes mixées.

BONBONS DE CRÊPES CROUSTILLANTS AUX POMMES ET SPÉCULOOS

Pour 20 bonbons / 25 min de préparation / 5 min de cuisson

Ingrédients

6 crêpes sucrées maison (voir p. 14) ou du commerce
1 sachet de sucre vanillé
3 pommes
100 g de spéculoos
1 cuil. à café de cannelle
Sucre glace

Matériel

Mixeur
Papier cuisson

1. Épluchez et coupez les pommes. Faites-les cuire dans une casserole avec un peu d'eau, le sucre vanillé et la cannelle pendant 10 min.

2. Mixez les spéculoos, réservez.

3. Préchauffez le four à 250 °C (th. 8).

4. Sur chaque crêpe, étalez 1 cuil. à soupe de compotée de pommes à la cannelle et 1 cuil. à soupe de poudre de spéculoos. Roulez chaque crêpe, puis coupez-la en trois tronçons. Placez les tronçons de crêpes sur une plaque tapissée de papier cuisson.

5. Saupoudrez-les de sucre glace puis faites-les caraméliser au four pendant 5 min.

6. Vous pouvez servir ces bonbons aussi bien tièdes que froids.

GRATIN DE CRÊPES AU JAMBON ET AUX CHAMPIGNONS

Pour 6 personnes / 25 min de préparation / 25 min de cuisson

Ingrédients
12 crêpes salées maison (voir p. 24) ou du commerce
2 échalotes
500 g de chanterelles ou de trompettes-de-la-mort
12 tranches de jambon de Bayonne
25 cl de crème fraîche épaisse
25 g de parmesan râpé
25 g de beurre
2 cuil. à soupe d'huile d'olive
Sel, poivre

1. Préchauffez le four à 200 °C (th. 6-7). Épluchez et hachez les échalotes. Nettoyez et retirez le pied terreux des champignons. Dans une poêle, faites chauffer l'huile d'olive. Ajoutez les champignons et les échalotes. Faites cuire à feu moyen et à couvert pendant 5 min. Ôtez alors le couvercle et laissez s'évaporer l'eau des champignons. Salez, poivrez, puis retirez du feu.

2. Placez au centre de chaque crêpe 1 tranche de jambon. Posez par-dessus un peu de champignons et roulez la crêpe sur elle-même autour du jambon.

3. Beurrez un moule à gratin. Placez-y les crêpes serrées. Recouvrez-les de crème fraîche, puis saupoudrez de parmesan. Enfournez pour 15 min, jusqu'à ce que le parmesan soit bien gratiné. Servez chaud.

VARIANTE

Une version moins onéreuse : du jambon blanc et des champignons de Paris. Dans les deux cas, servez ces crêpes avec une salade verte.

LASAGNES DE CRÊPES À LA POLENTA ET BOLOGNAISE

Pour 4 personnes / 30 min de préparation / 20 min de cuisson

Ingrédients

Pour les crêpes

3 œufs
100 g de polenta
150 g farine
50 cl de lait
Sel

Pour la bolognaise

400 g de viande hachée
1 oignon
30 cl de coulis de tomates
2 cuil. à soupe d'huile d'olive
3 pincées d'herbes de Provence

Pour la béchamel

40 g de beurre
40 g de farine
40 cl de lait
Muscade en poudre
Sel et poivre
50 g d'emmental râpé

1. Préparez les crêpes : dans un saladier, battez les œufs, puis ajoutez la polenta, la farine et le sel. Délayez avec le lait. Faites cuire les crêpes sur une crêpière ou une poêle à crêpes bien chaude (mélangez bien la pâte entre chaque crêpe), puis réservez-les.

2. Préparez la bolognaise : dans une poêle, faites chauffer l'huile d'olive et faites revenir l'oignon épluché et émincé ainsi que la viande émiettée. Une fois la viande colorée, ajoutez le coulis de tomates et les herbes de Provence. Laissez mijoter 30 min.

3. Préparez la béchamel : dans une casserole, faites fondre le beurre, ajoutez la farine et mélangez bien. Ôtez du feu et délayez avec le lait. Remettez sur le feu et laissez épaissir. Salez, poivrez et ajoutez 2 pincées de muscade.

4. Préchauffez le four à 200 °C (th. 6-7). Dans un moule à manqué, disposez une crêpe, puis un peu de bolognaise, de la béchamel, puis une crêpe, et ainsi de suite jusqu'à épuisement des ingrédients. Saupoudrez d'emmental. Enfournez 20 min.

Carrément cuisine

Découvrez tous les titres de la collection !

Crédits des recettes :
Maya Barakat-Nuq : pp. 50, 54, 62, 70, 72, 78, 86, 98, 104, 108, 116, 142, 208, 210 ; Alexandra Beauvais : pp. 20, 32, 146 ; Thomas Clouet : pp. 100, 182 ; Aurélie Desgages : p. 216 ; Clémentine Donnaint : pp. 80, 120 ; Thomas Feller : pp. 26, 28, 30, 34, 36, 38, 46, 76, 82, 90, 102, 110, 122, 136, 150, 162, 184, 190, 212, 218 ; Éva Harlé : pp. 44, 128, 140 ; Stéphan Lagorce : pp. 56, 214 ; Audrey Le Goff : pp. 60, 74, 94, 96 ; Mélanie Martin : p. 64 ; Philippe Mérel : p. 84 ; Émilie Perrin : pp. 14, 16, 18, 22, 24, 52, 88, 106, 112, 114, 118, 130, 132, 134, 138, 144, 148, 180, 220 ; Claire Tellier : pp. 40, 58, 66, 92, 124, 152, 154, 156, 158, 160, 164, 166, 168, 170, 172, 176, 178, 186, 188, 192, 194, 196, 198, 200, 202, 204 ; Laurence du Tilly : p. 48.

Crédits des photographies :
© Stéphane Bahic : pp. 41, 59, 67, 93, 125, 153, 155, 157, 159, 161, 165, 167, 169, 171, 173, 175, 177, 179, 187, 189, 193, 195, 197, 199, 201, 203, 205 ; © Alexandra Duca : pp. 51, 55, 63, 71, 73, 79, 87, 99, 105, 109, 117, 143, 209, 211 ; © Éric Fénot : p. 129, © Valéry Guédès : pp. 85, 215 ; © Franck Hamel : pp. 21, 33, 147 ; © Julie Méchali : p. 65 ; © Françoise Nicol : pp. 61, 75, 95, 97, 141 ; © Bob Norris : pp. 101, 183, 217 ; © Rina Nurra : pp. 27, 29, 31, 35, 37, 39, 47, 57, 77, 83, 91, 103, 123, 137, 151, 163, 185, 191, 213, 219 ; © Aline Princet : pp. 15, 17, 19, 23, 25, 45, 49, 53, 89, 107, 113, 115, 119, 131, 133, 135, 139, 145, 149, 181, 221 ; © Élodie Ravaux : pp. 81, 121.

Direction : Catherine Saunier-Talec
Responsable éditoriale : Céline Le Lamer
Responsable artistique : Antoine Béon
Conception graphique et couverture : Pauline Ricco
Fabrication : Amélie Latsch
Partenariats : Sophie Morier (smorier@hachette-livre.fr)

L'éditeur remercie Alice Dauphin et Floriane Negro pour leur aide précieuse.

Dépôt légal : Janvier 2015
64-0009-3/01
ISBN : 978-2-01-396374-9
Achevé d'imprimer par Macrolibros en Espagne.

Pour l'éditeur, le principe est d'utiliser des papiers composés de fibres naturelles, renouvelables, recyclables et fabriqués à partir de bois issus de forêts qui adoptent un système d'aménagement durable. En outre, l'éditeur attend de ses fournisseurs de papier qu'ils s'inscrivent dans une démarche de certification environnementale reconnue.